U0354322

学姐的留美笔记

赵彬艺 高胜寒 汤晋妮 著
胡晨晨 绘

中国科学技术大学出版社

内 容 简 介

本书主要为去美国留学的学生介绍留学前的准备、初入美国需要办理的各项手续、在美的衣食住行及校园生活，以及美国的文化和中美的文化差异，还分享了作者在美国留学期间的趣事和个人经历。本书内容翔实丰富，作者采访了美国很多地区的留学生，增强了本书的实用性，同时本书配有大量插画，图文并茂，趣味横生，是帮助准备去美国留学和初入美国的学生快速融入和适应美国生活的实用指南。

图书在版编目(CIP)数据

学姐的留美笔记/赵彬芝，高胜寒，汤晋妮著；胡晨晨绘.—合肥：中国科学技术大学出版社，2019.3
ISBN 978-7-312-04448-9

Ⅰ.学…　Ⅱ.① 赵… ② 高… ③ 汤… ④ 胡…　Ⅲ.留学教育—概况—美国　Ⅳ.G649.712.8

中国版本图书馆 CIP 数据核字(2018)第 074780 号

出版　中国科学技术大学出版社
安徽省合肥市金寨路 96 号，230026
http://press.ustc.edu.cn
https://zgkxjsdxcbs.tmall.com
印刷　安徽联众印刷有限公司
发行　中国科学技术大学出版社
经销　全国新华书店
开本　787 mm×1092 mm　1/32
印张　5
字数　158 千
版次　2019 年 3 月第 1 版
印次　2019 年 3 月第 1 次印刷
定价　68.00 元

作者/插

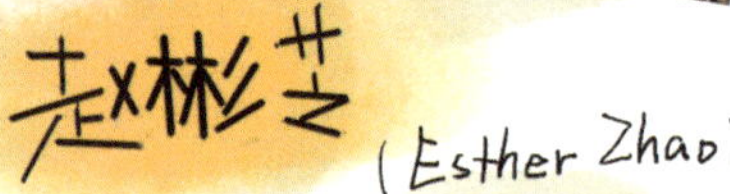

美国贝勒大学(Baylor University) 2018届本科毕业生。主修传播学，辅修社会学，留美期间在英国、荷兰、肯尼亚访问交流。曾担任贝勒大学中国学生会主席、舞队队长及贝勒国际部大使。现就职于贝勒大学国际招生办。

高胜寒 (Sky Gao)

美国贝勒大学2018届本科毕业生。主修金融。曾担任贝勒大学中国学生会宣传部部长，兼职翻译。

汤晋妮（Jinni Tang）

美国贝勒大学大四学生，公共卫生硕士在读，主修社区健康教育。贝勒Eta Sigma Gamma Public Health成员，贝勒国际部新生大使。

胡晨晨

中国美术学院影视广告专业大三学生。曾参加亚太青年学生领袖大会（APYSLC）。

前言

从未想过能拥有这样的机会和大家分享成长中的点滴心路历程。感谢邓燕斌博士的推荐，使我有幸成为本书的主要作者，并且有两位我十分信任的伙伴加入写作团队。

感谢父母一路以来的支持和陪伴，本书的成功出版与他们也密切相关。从高中预备出国到在美国度过大学四年时光，所有的成长与改变，回想犹有感叹。我在大学期间因担任学生会会长在北上广举办过新生见面会，现为校国际招生团队中的一员，对留学之旅有着不同的视角与解读，希望能将本书分享给有意出国或整装待发的留学生与家长。包括我在内的三位作者留学地都在得州，考虑到各州差异，我们采访了北美TOP 100综合大学的部分在校中国留学生，以尽可能地扩大就读面与覆盖区域。

由于各高校管理以及各州文化方面有所差异，犹如中国南北文化差异，且本书作者人生历练尚浅，故本书信息仅供读者参考。期盼这份心意能为需要的伙伴们带来收获。

赵彬芝

在美国三年了，我依然常常回想起刚刚踏出国门时的茫然无措和徘徊不安。独自一人在全新的环境开启未知的生活并不容易，而跨越山海的距离更是让我们这些国际学生难以在开始旅程前就真正了解到远在他乡的日子到底会是怎样的。虽然网络上不乏种种对各个院校的介绍和评价，但更加细致入微的生活细节和日常环境却无从得知。

从一开始的摸索着前进，到后来的在学习中成长，这几年的跌跌撞撞逐渐促生了我想

校园生活 68

第三章 分享篇（乐事、窘事和个人经历） 93

第四章 美国文化 115

手指按住，
轻轻向上.
Next page

要分享的念头。于是，在听说这次创作机会后，我毫不犹豫地答应了。

现在，这本书就这样和你见面了。

希望这本小小的手账能给正走在留学之路上的你带来一些真正的帮助，让你从我们的留学生活中为自己以后的日子勾勒出模糊的轮廓，为可能面对的种种问题做好准备，让自己不安的心稍稍放松下来，更加从容地迎接即将到来的新生活。这就是我藏在这本书中的愿望。

如果在几年后，你也成为了一位学姐或学长，回想起这本稚嫩的书，这一份小小的温暖还没有被忘记，这就足够了。

高胜寒

初心这个词不像其他流行语，过了这么多年还是不断地被人使用。写这本书的初心很简单，自己经历过美国留学最初时的忐忑不安，就想着把所经历的弯路和所经历的遗憾、感谢和骄傲的事情分享给即将出国的你们。希望这本手账带给你的是陪伴和鼓励，快乐和温暖。

从准备期到创作期，我对这本书的预期不断改变。为了更全面地了解留学生生活中真正所需的，我们采访了各州不同学校的朋友们。通过他们的视角看留学，我才第一次认识到：留学生活千姿百态。休斯敦在抱怨带的衣服太厚，纽约正懊悔没带羽绒服过冬。假如把留学比作一个大拼图，每个留学生所经历的都只是巨大拼图里的一小片罢了。不论是给留学生贴标签，还是用数据和客观事实说话，无病呻吟的抱怨或是对学弟学妹们的苦口婆心，这些截然不同的态度其实都指向了很多人没有正视的问题：即使都拿着同一类型的签证，但每个踏上这片土地的人都有着各色各样的不同的留学梦。

与其“自以为是”地教导和分享个人感受，不如抓住那些不同点中的共同点，搜集材料，回忆自己的经验，分享真正能解决问题的建议。这也是我最后确立的写作目的：一本精致的手账留学“攻略”，让你无论何时何地都能通过翻阅得到答案！

汤晋妮

WELCOME to

第一章

留美准备与须知

妮的爸爸妈妈去送机

必备证件物品

F-1签证申请

办理签证是去美国留学前非常重要的一步。一般情况下，没有家庭或者个人特殊原因，F-1签证是最常见，也最容易过审的学生签证类型。

在网上也有不少申请F-1签证的攻略和详细步骤APPLY FOR A U.S. VISA官网上也有明确的官方步骤及要求（中英文版本都有）。这里主要提醒大家必须准备的几样东西：

「需要准备」（一表 两照 两单）

I-20表

美国学校或项目[①]提供的I-20表。只有在录取的学校给你寄来纸质版已经由学校相关人员签好名字的I-20表后，你才能开始办理签证。

护照

办理签证需要在护照空白页盖章。

证件照

2英寸×2英寸（5.1cm×5.1cm）

一张在最近6个月内拍摄的2英寸×2英寸（5.1厘米×5.1厘米）的照片。还要保存电子版，因为在填写网上申请表时需要上传照片。

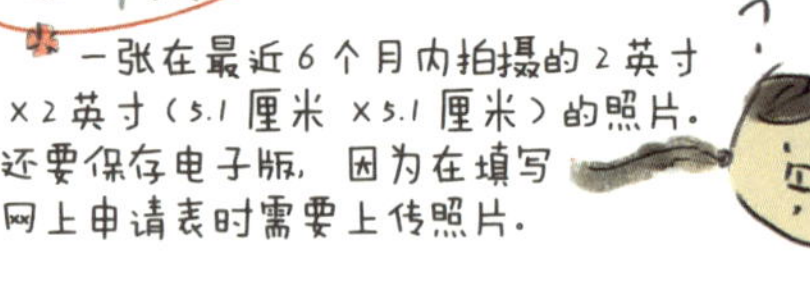

① 指一些交换生、来美国短期访问交流的项目。

两单：

面谈预约单

这份文件在你完成非移民签证电子申请表（DS-160）后才能打印。很多学生会忘记打印或者忘记携带这份文件。记住！这张纸非常重要！

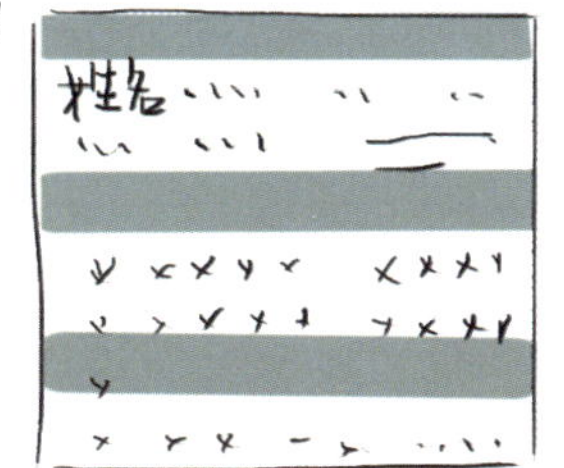

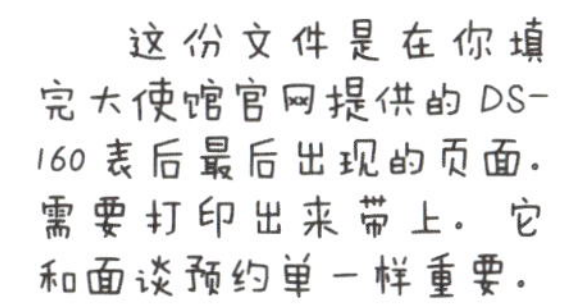

DS-160确认单

这份文件是在你填完大使馆官网提供的DS-160表后最后出现的页面。需要打印出来带上。它和面谈预约单一样重要。

IMPORTANT

支持性文件

如财产证明、房产证等复印件、大学录取通知书、高中成绩单、语言成绩单等。每个人遇到的签证官性格、脾气都不太一样。有些签证官的审核很宽松，随便问几个问题就让你过了；有些则不然，"七大姑八大姨"的文件他们都要审核一遍。经验之谈：准备一个正式的文件夹，把所有支持性文件都放进去。面签时，把文件夹往桌子上一放，不仅让你自己心里有底气，也能让签证官感到你是有充分准备的。

自信！办签证的时候最重要的就是不要慌！流利的英文和对自己学校以及专业的深入了解会为你加分！

一定要随身携带不要托运！！！

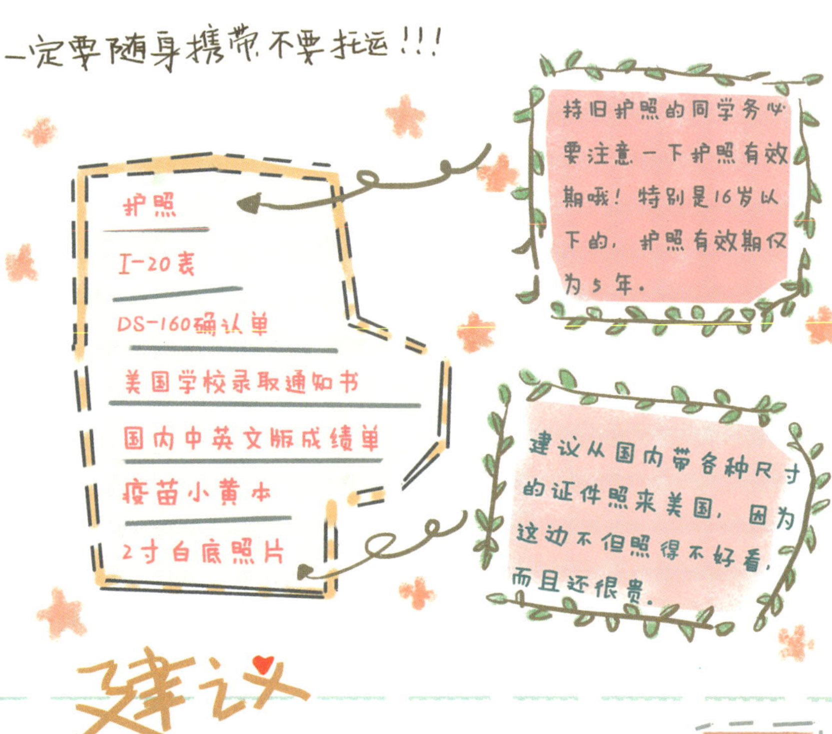

建议

1. 以上重要文件均复印一份备用！

2. 入境前还会填写一张入境单，最好随身带笔。

3. 带10000美元以上的现金是要通报的，且现金带多了也不安全，故建议不要多带现金。一来美国便可以马上办一张银行卡，非常方便，无须担心现金不够造成尴尬和困扰。

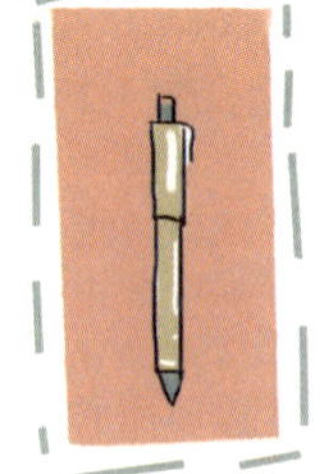

不要带哦~

不要带：

- 未加工的肉类
- 水果
- 中草药
- 有盗版内容的仿冒品（包括服装、音像制品等）
- 任何种子类产品

被发现携带仿冒美国电影的碟片等者，其罚款额可高达数千甚至上万元人民币，以此保护美国知识产权和本土生态环境不受影响。

TiP

随身的登机行李中不要放置任何100mL以上的液体，此处的100mL是指瓶身上的标识，而不是瓶内剩余液体的体积。

FOR EXAMPLE:

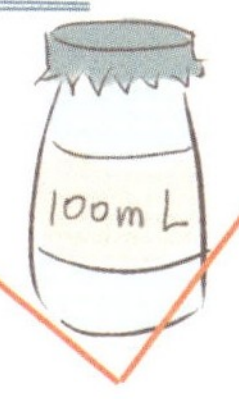

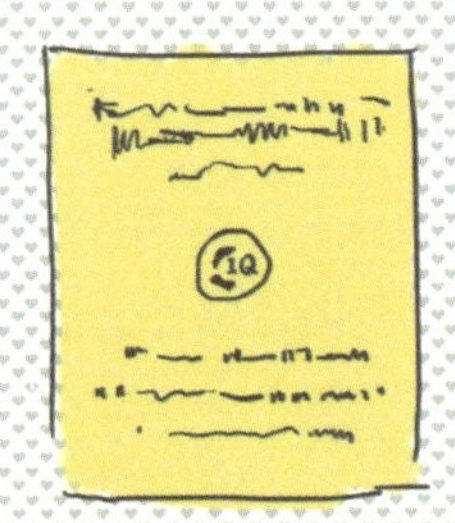

小黄本是疫苗本，大部分美国学校要求留学生必须接种MMR疫苗[Measles（麻疹）、Mumps（腮腺炎）和Rubella（风疹）的联合疫苗]和TB疫苗[Tuberculosis（肺结核）疫苗]。

小红本是体检本，证明你身体没大问题，也顺便确认所有必需的疫苗都已接种。

ATTENTION：

美国法律规定：所有新生都必须提供完整的疫苗记录才能上课，没有按照学校要求提供疫苗记录的学生将无法注册选课或在其他方面受到影响。同时，如果学校被查到有学生未提供完整的疫苗记录，学校还有可能要承担法律责任。

啪啪

同学们，听好了！！！

银行卡(国内)

Oh~ money~

出国前无法办理美国银行卡，携带大量现金又不方便，最便捷的办法就是携带一张全币种通用或针对美金的信用卡或银行卡啦！

美国商品的价格常常标至小数点后两位，结账时还要加上税款。比起使用现金，每天带着一堆找回来的硬币零钱回家，银行卡更加方便快捷。不管是大小商店还是自动贩卖机，都可以用银行卡进行支付。

你可以选择办理子母卡，携带子卡出国，父母等家人使用母卡在国内进行充值、确认消费信息。很多银行都有类似卡种，例如中国银行的全币种信用卡等。携带子卡出国，家人可以使用母卡每月用人民币定期还款，不用缴纳任何手续费。而且每次消费都会有相应的短信提示，可避免盗刷等情况的发生。即使不慎将卡遗失，也可以及时和家长联系，家长可电话办理挂失手续。全币种信用卡不仅可以在美国使用，在其他国家转机时也可以随意刷刷刷！你可以根据自身情况选择不同的银行和卡种。

电汇

电汇是比较传统的学费支付方式。需要学生或家长携带校方的详细账户信息，如账户地址、账户号码等，到银行办理电汇手续，填写汇款单。学费会经由中国国内的银行转到美国学校所用的银行账户。要注意记清汇款单号并在汇款成功到达前保存好相关单据。

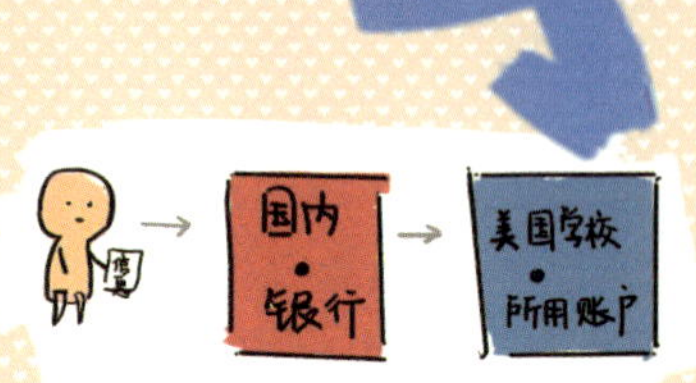

除了直接将钱汇至学校账户，家长也可以将钱电汇至孩子的美国银行卡内，孩子在美国使用银行卡网上缴费。家长需携带孩子的美国银行卡信息，包括账户信息、账户号（不是银行卡号）、银行代码、银行地址等。这些信息在美国办理银行卡时都会提供给孩子，之后也可以随时在自己的电子银行账户内查看到。

近几年，支付宝也开始提供网上转账服务。低于30000元人民币的转账可以使用支付宝完成，单笔手续费为50元人民币（可能有变动）。只需提供学生本人的个人账户信息，在支付宝内填写汇款表格，就可以在家里轻松汇款啦。

电汇一般会收取2次手续费。中国国内银行会收取50~100元人民币的电汇手续费，美国银行会收取0~20美元。汇款一般会在4~5个工作日内到达所汇账户。电汇一般会收取一笔中转费用，导致无法足额到账，建议汇款的时候可以多支付几十美金，以免学校因没有收到足额的学费而导致你承担罚款（late fee）。

信用卡支付

在以上电汇方法都无法使用时可以选择用信用卡支付学费。学生一般不会选择这个选项，因为会产生很多手续费，对信用卡额度也有很高的要求。建议如果可以使用任意其他方法的话就不要考虑信用卡支付。

不管是 visa，还是 mastercard，都会收取高达 2.5% 的手续费，相当不划算。

Peertransfer

美国本土的 Peertransfer 比较方便，也是大部分学校都有合作的国际生学费支付平台。可以直接在上面选择就读学校，并且可以通过人民币支付。约 30 万人民币的学费大概需支付四五千元的手续费，具体根据当天汇率计算。如果银行里有已经换好的美金，并且用美金支付的话，2 万美金的转账，只需要约 30 美金的手续费，还是比较划算的。

易思汇

易思汇是由中国留学生创办的第三方学费支付平台，是国内第一家也是最大的线上留学付费平台，最大的优点是可以在线直接支付，并且不占用每年 5 万美元的外汇额度，手续费为 50~200 元人民币。对英文不是很熟悉的家长，可以使用易思汇全中文界面，无需填写复杂的页面信息，全程可以使用微信电话服务或是人工一对一服务。东西海岸中国留学生比较多的学校一般都支持易思汇，但是中国学生少的学校可能依旧保持着传统电汇方式，或者学校有其他可以合作的汇款方式。

付学费前建议先阅读学校推荐的支付方式。

暖心提示~

有备无患！

常备药品

出国前可以备一些胃药、感冒药、退烧药、烧烫伤药、急支糖浆、双飞人、清凉油等常用药品。虽然美国这边的CVS[1]都可以买到，不过价格略贵。还有，在美国抗生素都是处方药，必须要有医生处方才可以买。喜欢戴隐形眼镜或美瞳的同学建议从国内多买点带着，在美国买隐形眼镜是需要验光单的，而且不承认国内的验光单。美国的验光服务可以在沃尔玛内或其他可验光的眼镜店、医院获取。

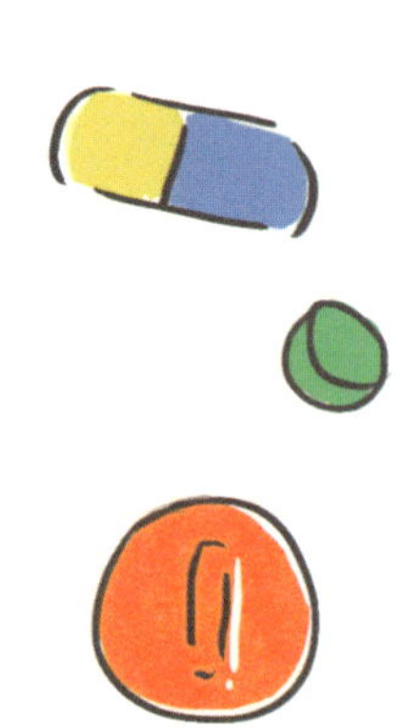

转换插头

美国插头和中国插头的插口形状不同，电器设备所需电压也不同。虽然大部分电器产品都推荐在美国当地购买，包括便携式的吹风机和卷发棒等，但是随身带一个转换插头以备不时之需也很重要。比如，我的苹果电脑充电延长线的三相插头就是国内插口的形状，但我之前一直没意识到，毕竟苹果产品的转换插头大多都是国内外通用的。到真的需要使用延长线却怎么也插不进图书馆的插座里的时候，我这才意识到需要准备转换插头。

哆来咪发……

① 其全称是CVS Pharmacy，是美国最大的药品零售商，除了销售药品外，还销售护肤品和日常生活用品。

照片墙一角

房内装饰

装饰家中的花

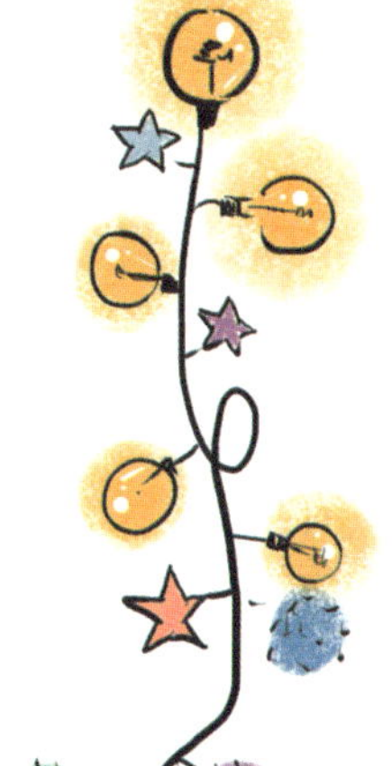
卧室布置

家人照片

初来时可以带些家人、朋友的照片贴在房间里，毕竟思乡之情也是常有的。看看照片就会觉得很温馨，特别是在难过的时候，也是一种巨大的安慰呢！

我通常会在墙上贴一些家人、朋友的照片，偶尔抬头看到会觉得心里暖暖的，熬夜学习的时候也好像有人陪伴一样。大一的时候住学校的寝室，和一个美国女孩儿分一个房间的两张床。自己可以装饰的面积并不大，就只带了两张小时候和爸妈的合影贴在书桌前。大二搬出寝室后，和大学闺蜜合租了一间公寓，有各自独立的房间。那年暑假回国就打印了近40张与家人、朋友的合影，想着搬新家的时候好好装饰一下房间的墙壁。最后照片墙的效果非常不错，每天回房间看到满满一墙的不仅仅是照片，还是爱和回忆！

中国特色小礼物

出国时可以带一些有中国特色的小礼物，如丝巾、茶叶、茶具、钥匙扣、小挂件等。

基本上准备礼物的原则有"三要"：

一要有中国特色；

二要方便携带；

三要提前准备好礼品袋。

我出国前在网上订了10条包装好的特色丝巾，质量上乘，体积小且轻便，价格也不贵，很适合送女性朋友。

"千里送鹅毛，礼轻情意重。"外国朋友其实并不在意礼物是什么，或多么贵重，他们更在意的是人与人之间那份友善的心意。

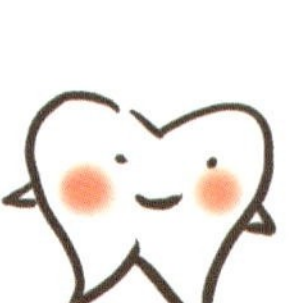

看牙

建议在国内提前做好牙齿护理工作，比如洗牙、补牙及保持口腔健康的常规检查。美国看牙极其昂贵，且极少有学校提供的保险里会包含牙齿保险。无保险看牙医简直是天价，一般不是疼到实在撑不住不会轻易去看的。而且，还无法享受到一条龙服务，牙齿矫正是专门一个诊所，补牙、种牙等其他项目又是在另一个诊所。若牙齿状况比较恶劣又是二度治疗，医生会建议你去看专家。

美国人十分注重对牙齿的保护，这也是他们笑容自信的一个很大的原因。本以为他们天生牙齿都那么整齐与洁白，后来接触久了才知道其实他们大部分都在高中期间矫正过牙齿，而且定期洗牙。

配镜

在美国配眼镜也是很贵的。一般在沃尔玛超市和商场旁边都会有眼镜店，他们要求提供正规的验光证明，配隐形眼镜也是如此，包括大部分的网购（也有少部分例如LensPure等网站提供无需验光单就可以购买的隐形眼镜，但产品种类十分有限）。建议在国内多配一副眼镜（毕竟国内好看的镜框多），多带一些隐形眼镜以备不时之需。

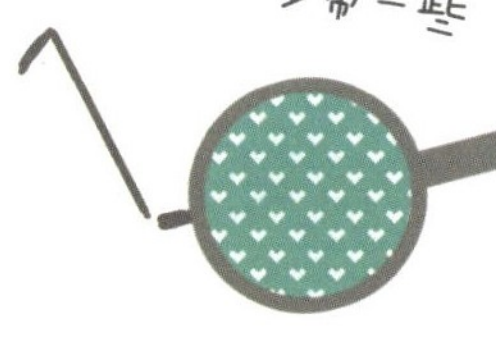

理发用品

美国理发价格较贵，美国理发师通常也不太理解亚洲人对发型的诉求和审美。如果对发型没有高要求，建议女生每年回国时稍微剪短一些，在美国留长，下次回国再剪。如果头发干枯分叉，需要打理，用普通剪刀剪发梢，修修边也不是难事。发量多的女生可以自带打薄剪刀。男生对理发的需求其实比女生更大，一般中国学生群体里总会有那么一位非专业理发师"远近闻名"，大家纷纷上门拜访要求理发服务，所以男生之间相互帮忙理发是再正常不过的啦。当然，也可以选择去中国城或韩国城的一些亚洲理发店理发。

江湖理发店右转→

初来乍到

接机到学校

一般来说，学校会有到附近机场接机的服务，仔细查看学校发的邮件，里面会问到你将在什么时候抵达学校（建议不要提早到校，因为到了学校也无法入住，需要等到规定时间才能办理入住。如果提早抵达了，可以选择住酒店）。如果确定学校提供接机服务，一定要主动邮件联系国际学生办公室，预约时间，更新自己的机票信息。

如果学校不提供接机服务或错过了学校的接机时间，可以联系学校的学长、学姐或是中国学生会，初来时有任何不了解的都可以联系他们。学生会在开学季普遍都会提供接机服务，可以提前在新生群里咨询学长、学姐。学校提供的接机服务一般是免费的，若是机场离学校较远，开车需一小时以上，学生会或许会招募志愿者司机有偿接机。

另外一个办法是联系当地的华人教会，大部分人都会热心帮忙，很多教会会提供免费的接机服务。

一些学校自己的国际办公室也会提供接机服务。

中国学生学者联谊会

中国学生学者联谊会（Chinese Student and Scholar Association，简称CSSA），是一个非营利的学生组织，服务于中国大陆前往美国留学的学生以

及访问学者。许多新生初来乍到，都会得到学生会的帮助。课余时间学生会也会组织迎新活动、文艺晚会，与同州或是跨州学校举办联谊活动，以此丰富中国学生在美国校园的生活。

↑ ↓ 学校的迎新会

国际生迎新会①

到了学校以后，首先需要办理入学手续，例如学生ID（学生卡一定要保存好，很多时候都会用到，比如进入一些宿舍区就需要学生卡。丢失了要立即去补办，费用一般为15~20美元）。之后几天，学校也会专门为国际生设立活动，包括带新生去超市购买生活用品、邀请健身房管理员或校警与大家分享校园生活的注意事项等。这些活动还是非常有用的，可以为初期的校园生活省去很多麻烦，建议参加！

① International Students Orientation，简称ISO，是美国大学校园国际办公室为新来的国际生准备的活动。

银行卡

美国银行 Bank of America

美国银行（Bank of America，简称BOA）是美国几大银行之一，因为它在很多城市都设有分行和ATM，所以BOA银行卡是很多留学生的首选。BOA的借记卡（Debit Card）很简单就能申请到，毕竟它仅相当于一个能存钱的移动“小银行”，对银行和持卡人都不会造成风险。申请借记卡只需提供护照和I-20表。借记卡分为两个账户，分别是储蓄账户（Saving Account）和支票账户（Checking Account）。把大数目的钱存在储蓄账户更保险，支票账户里放一些平时消费所需以及还信用卡的钱即可。

说到信用卡，推荐尽早申请。信用卡申请需要的手续比借记卡只多一项：美国社会安全码（Social Security Number，简称SSN）。SSN只能通过申请校内工作获得，相当于美国版的身份证号，一旦获得就意味着你的身份被认可，可以进行很多活动，申请信用卡就是其中一项。尽早使用信用卡可以提早积攒信用额度，在未来留美生活中会有很多益处。

摩根大通银行

CHASE

摩根大通银行（Chase）的借记卡也是美国常见的卡种之一。大学在读学生可以免除5年内的服务费。最低存款限额是25美元。银行卡可以和储蓄账户、支票账户相连，也带有网上银行APP，使用起来方便快捷。

Chase的信用卡有很多种类。比较适合“学生党”的就是它的无年费返现卡（Chase Freedom）啦。每年提供5%的特定类别返现和1%的其他类别返现。对学生来说，额度一开始可能会比较低。良好的还款记录也是在美国建立信用的必备条件！

在美国常见的支票账户就是一种可以随时消费使用的账户，类似支付宝的“余额”。储蓄账户是可以随时向支票账户转钱的活期账户，但在钱不转到支票账户的情况下无法直接进行刷卡消费。一般储蓄账户也会带有很低的利息，以银行规定为准。

发现卡

DISCOVER

这是一张需要有SSN才可以申请到的信用卡，最重要的是零信用记录也可以申请，特别适合“学生党”。每季度有5%的特定类别返现和1%的其他类别返现！每季度需要激活才能返现。如果从朋友那边分享过来的链接开卡，还可以再获得50美金奖励。更重要的一点是无年费，而且还可以在其他国家刷卡，接受度非常高，国内的银联也接受哦！缺点就是给学生的额度比较低，一般是从1000美元开始，参加正式工作以前额度较难提高。

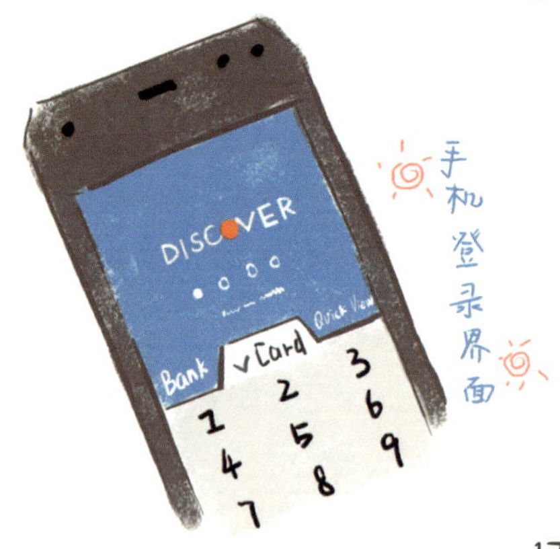

手机登录界面

在银行官网下单购买支票簿的时候可以自定义图案哦~选择一个可爱的背景吧~

支票

CHECK

在办好银行账户之后，一般会拿到一本与自己账户对应的支票簿，以后也可以随时在银行购买支票簿。支票簿上有已经印好的账户信息，使用时只需要填写金额、收款人信息并签好字就可以啦。

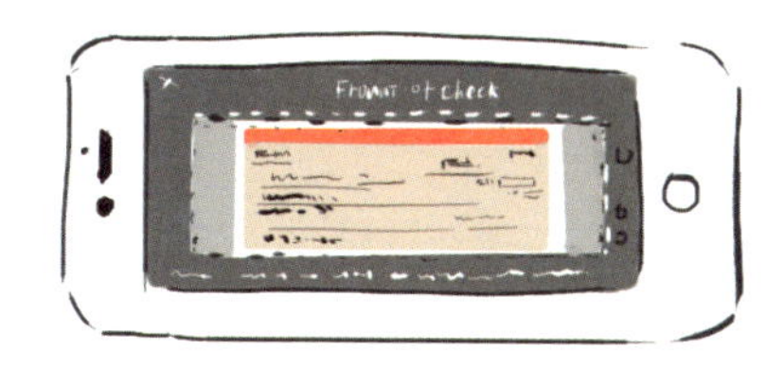

收到支票后，可以直接使用手机上的网上银行APP按照提示拍摄支票的正反两面进行存款。当然，也可以亲自去银行进行存款或折现。

支票交易主要用于比较正式或商业的场合，例如交房租、发工资、领工资等。日常生活中还是网上转账和直接刷卡付钱更加常见，也更方便快捷。

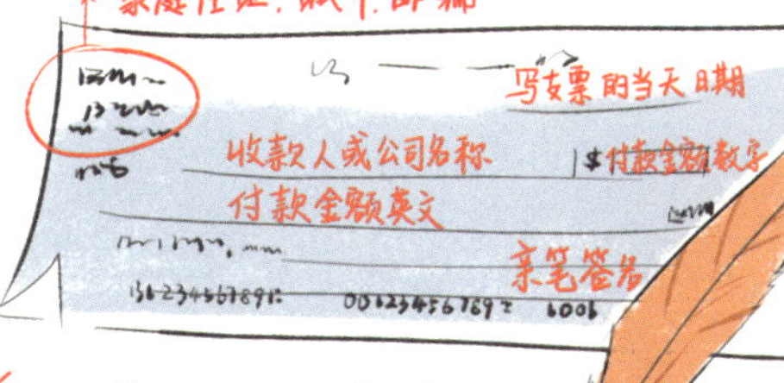

这是最基础款的美国银行支票，一般用来交房租或水费。

AT&T

AT&T是美国第一大通信服务公司，信号覆盖范围相对来说比较广，但价钱也比其他公司略高。无流量套餐价格在20~30美元，5G流量的套餐价格在45美元左右。在得克萨斯州“村里”的使用感还不错，很少出现没有信号的情况。

T-Mobile

T-Mobile的优点是价格实惠，流量还可以滚存到次月继续使用。在加拿大、墨西哥境内也可以拨打电话或使用短信和4G网络。家庭套餐内也有各自的网线，所以不会占用到他人的网络。缺点就是只有在大城市里信号好一些，一进乡村地带，T-Mobile是第一个覆盖不到信号的！然而，很多大学校园都在乡村！

Verizon

Verizon的信号顽强，覆盖地域非常广！在美国境内无论多偏僻的地方基本都可以收到信号。但相对来说经营商比较少，审核要求较高。对有和没有SSN的人收费标准不同。

Sprint主打合约机和不限流量（Unlimited Data Plan）与不限短信数量（Unlimited Messages）。唯一缺陷在于通话套餐不够完善。发短信的机会虽少，但打电话还是必需的。如果已经有手机，且没有计划再换新手机的同学可以考虑其他几家移动运营商。

中国电信 CHINA TELECOM

优点是价格实惠，套餐合算，在国内拿到卡以后，到美国下了飞机即可使用。日常基础使用没问题，适合外出少、日常环境有网络覆盖、电话和短信使用不频繁的人群。缺点是信号较差，偏远地区及室内可能出现无服务等情况；大部分卡号为旧号，时常接到骚扰电话；网络速度较慢且无法分享个人热点；套餐有自动续购等套路，套餐间断（如寒暑假回国未充钱）再使用需补交保号费，且在国内无法使用。

通信

来，客官，有wifi，里面请~

钱币识别

1 美分
Penny
One Cent

25 美分
Quarter

5 美分
Nickel

50 美分
Half Dollar

10 美分
Dime

1 美元
One Dollar

单位换算

inch　ft　gallon

受英国殖民历史的影响，美国有英制与美制单位。通常用英寸（inch）、英尺（ft）作为长度计量单位，这个常常会在体检、看病、参加体育运动以及买衣服的时候用到。

用华氏度（℉）作为温度计量单位，其与摄氏度（℃）的转化公式为：

$$t(^{\circ}F)=32+T(^{\circ}C)\times1.8$$

可以在手机上查看温度，其实不用知道精确的换算，大概了解 60~70 华氏度相当于正常室温就好。

用加仑（gallon）度量体积，买牛奶的时候经常会看到。

100毫升 = 0.026加仑 = 0.004英尺^3 = 6.102英寸^3

还有，用盎司（ounce）、磅（lb，pound）作为质量单位；用英里（mile）表示路程；用英里/小时（MPH）表示速度；用英里/加仑（MPG）表示车的油耗……

MPH　Pou

通常用 Letter 作为打印通用纸张尺寸。

Letter：215.9 mm × 279.4 mm
A4：210 mm × 297 mm

驾照报考

在美国，甚至同州不同城市都会根据当地具体交通情况制定不同的驾考标准。报考方式倒是没有大差异：在每个城市的公共安全部（Department of Public Safety）官网上查看具体的驾照报考信息。

驾照报考通常需要：

（1）2份能证明在目前住址居住超过3个月的文件[需要通过2个不同单位（银行账单或租房合同）来同时确认]；

（2）通过驾驶知识考试的证明；

（3）护照；

（4）I-20表和I-94表；

（5）学生ID。

用来路考的车一定要有年检标签、保险复印件，还要有车牌号。

在美国旅游或留学时，持中国驾照是否可以在美国开车，这需要根据所在州具体情况决定。

具体可以去美国各州的机动车辆管理部（Department of Motor Vehicles，简称DMV）官网上查找官方信息。

如果你从美国的某个州迁移到另外一个州，有些州不需要通过考试就可以直接换新驾照，有些州或许就需要再参加一次路考。

持美国驾照在国内开车，若不转换成国内驾照，一律按无照驾驶处理，不仅扣车，人可能也要被扣哟。不过把美国驾照换成中国驾照也是很简单的事情，只要国内相关部门认可，带上国内的身份证、护照以及美国驾照和美国驾照的翻译件（同时都要各复印一份）去车管所，填申请表，测视力之类的，然后预约科目一考试即可。科目一的考试是理论考试，相对比较简单，考过后等几天就可以拿到国内驾照啦！

23:13
9月27日星期四

转账、付款

待办事项 +2

PayPal

PayPal是美国很常见的支付平台。几乎所有购物网站和各个品牌官网都会提供Paypal快捷支付通道。使用个人邮箱就可以简单注册，注册后关联自己的银行卡，填写好个人信息、住址信息、账单信息，下次网上购物就可以一键搞定啦。每次付款后，账单信息都会发送到邮箱账户或指定手机上，让你及时掌握消费情况。

除了付款，PayPal还可以用于转账。只需输入对方的邮箱地址、电话号码或用户名，就可以进行转账，不收取任何手续费，类似于国内的支付宝转账。

+3

Venmo

Venmo是PayPal旗下的一个支付平台，很好用，适合和朋友外出一起支付账单或是一块打车平摊费用的时候用。特色在于有很多同学会写各种搞笑的支付理由，像脸书一样，你的好友都可以刷到，增添了趣味。不像美国银行，要输入对方的手机号码，然后再加入自己的银行账户才能完成支付。不过Venmo目前仅限美国地区，而且只有美国手机号码和银行卡才可以绑定。

+7

购物（黑五打折）

北美省钱快报（Dealmoon），又称北美烧钱快报，是一个收录各大网站打折信息的购物APP。各大品牌的活动信息和打折信息都会在APP内实时更新并提供折扣码，点击链接可以直接进入对应购物网站，结账时输入折扣码就可以参加打折活动啦！简直是购物狂人的贴心“小棉袄”。

Dealmoon

一年一度的“黑五”打折季是购物小能手们的狂欢节，堪称美国版“双十一”。“黑五”一般为感恩节之后的第一天，也就是11月的第4个星期五。各大品牌都会在这期间进行为期一天到半个月不等的打折活动，其中电子产品的折扣力度较大，因此“黑五”是购买电子产品的好时机。

来到美国以后发现，最常用的购物网站还是各大品牌的官网。在美国很少见像中国淘宝网一样货品多样、品牌齐全的综合式购物网站，更多时候还是直接去品牌的官网购物，十分方便。

购物的时候别忘了注册一个账户，很多网站提供积分服务，可以获得折扣和优惠活动信息！

饮食

YamibuY

亚米网是在美的中国留学生皆知的购物网站。从火锅底料到老干妈，从浪味仙到各式泡面，从面膜到家用电器，亚米网涵盖的产品范围十分广泛，甚至还有日本和韩国的护肤美妆产品。

嘴馋的时候刷刷亚米网，给自己买一点家乡的味道吧。不过邮寄时间略慢，通常要一周以上。

亚米网也常常会有打折、包邮或学生专有折扣等活动，这都是囤粮的好时机哟。

yelp

Yelp被称为英文版大众点评，是出门玩耍的必备。可以搜索各服务行业信息，是美国使用度很高的APP，有许多评论和图片可供参考。如国内的大众点评、美团等APP，Yelp可以搜索附近餐厅、商场、酒店等，用户也可以进行打分。如果你的Yelp账户与Facebook相关联的话，你的朋友对某些餐厅的评价你也是可以看见的。通常来说，在Google地图上搜索餐厅或其他商户的地址，向下滑动就可以看到该商户在Yelp上的评分和评价，但若想查看更具体的评价就需要下载APP啦！妈妈再也不用担心我没饭吃、没地儿玩啦！

交通

优步与国内的滴滴打车并无差异，也是无车党的常用APP，但一般仅限于城中，若想跨城出行，那么除了蹭车外，就需要投入灰狗的怀抱了。

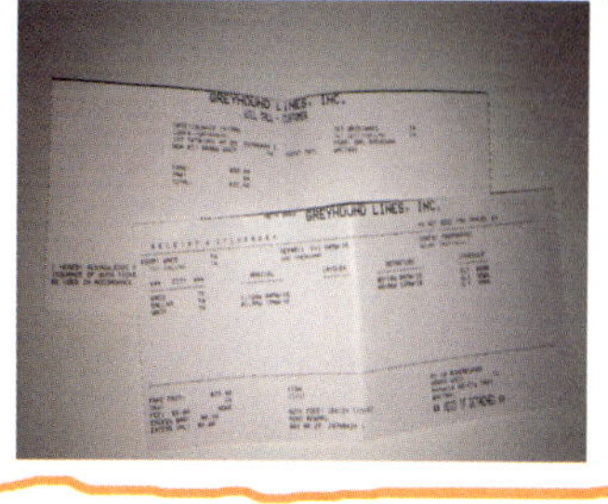

GREYHOUND LINES, INC.

GREYHOUND LINES, INC.

灰狗大巴车票

使用灰狗首先需登录其官网注册，注册完毕后便可根据自己的行程安排选择出发时间和车次。交易成功后会出现确认单，这个单子一定要打印好并带到灰狗站。稍大些的城市一般都会有两三个或更多灰狗站。确认单上会提到需提前1小时左右到站，实际不需提早那么久，大约提前20分钟到站即可。到站后向工作人员出示确认单和身份证件，如有行李的话需要填写一张小卡片系在行李上。接着只需等待发车即可。

旅行 / 房屋租赁

Airbnb是旅行/房屋租赁的好帮手，可以放心用，很靠谱。如果是和一群朋友出门的话，订一个大房子会比住酒店划算很多，房子一般还会自带厨房等，特别适合自驾旅行。而且房屋的种类不受限制。

airbnb

买&租教科书、考试复习网站

从大一毫无经验地在校内书店花七八百美元租借或购买教科书，到吸取“肉疼”经验开始学习各种省钱小窍门，每学期购买教科书的经历绝对是每一位“留学党”的血泪史。

购入教科书的基本原则：能租就不买，买了一定卖。

购入教科书的途径：

校内书店

只要是学校老师上课要求使用的课本，在校内书店一定能买到。可是价格一般都不亲民，唯一优点就是方便，在校内（on campus），买书、退书都是步行即可，还可以直接看到实体书。有些校内书店也许还会推行“低价保证”（Price Match），如果你能找到比校内书店报价低的网站，截屏拿过去就能用低报价拿下！

Quizlet

Quizlet是一个专门用于考试复习的网站，也有一些人会把自己的课堂笔记上传在网站上供大家学习。在输入课程名、学校名后，很有可能会发现学姐、学长甚至同班同学上传的课堂笔记或考试提纲分享，非常方便。

Chegg是美国的一个在线教科书租赁网站，同时还提供各科练习题与解答。一般小伙伴们拿到教科书清单后都会选择在Amazon和Chegg上搜索，比较价格和到货时间后选择合适的。Chegg和Amazon的租购模式相似，搜索后做出选择，下单后两礼拜内都能到货。学期末还书也只需要打印一份网站上已经提供的信息单，到校内或校外的邮政服务处交给那里的工作人员就可以了。

也有其他不如这两个网站那样普遍被使用的租书网站，如Bookrenter，大家可以自行查询价格，按照自己的情况选择。

机票购买

Student Universe

在美国购买机票，无论是回国机票还是美国国内机票，都要提前做好打算，最好在2~3个月前订购机票。除了各大航空公司官网，例如美国航空、西南航空、美联航空，还有很多折扣网站可供选择，例如StudentUniverse，CheapOair，Priceline，等等。同学们可以搜索"student air tickets"或"cheap air tickets"等关键词，在比较各个网站机票信息后，选择性价比最高的进行购买。

priceline

飞行须知

国际航班需提前3~4小时到达机场，国内航班需提前2~3小时到达机场。

除了随身行李外，美国国内航班一般都会收取行李托运费30~50美元，可以在官网上查询相关信息。

飞国际航班时若有异国转机，要记得在登机前前往登机口确认信息，有时需要补办换乘的机票。

社交通信

Instagram

Instagram 算是美国大学生使用率最高的社交软件啦！类似于美国版的以图片为主的新浪微博。虽然 Facebook 上都有对方，但是很多美国学生会先发 Instagram 然后同步到 Facebook。包括我个人也比较喜欢玩 Instagram，每次发的都是精选后的一两张高质量照片，给我点赞和看到我发表内容的人也不会那么杂乱。我会把自己的账户锁起来，只有通过我认证的好友才可以看到我发布的内容。从私密性上说，用户的个人喜好、关注等行为不会被广播出去，减少了社交压力。还有一点，年纪大一些的长辈们还没有使用 Instagram。

221,457次赞

作为社交媒体的鼻祖，脸书现在的发展已经非常成熟。男女老少无论天涯海角，只要会用互联网，有互联网设备（手机、电脑或者平板等），基本都有自己的脸书账号。即使在社交媒体泛滥发展的今天，脸书在美国依旧保有它的"王者地位"。脸书可以发照片视频、转载链接、分享文字和买卖物品。它有项功能叫 page 和 store，里面会有不同的小团体买卖各样二手物品。在开学和毕业季的时候，学校的 Free&For Sale page 上会有特别多课本和家具的甩卖，是大多数学生寻找资源的首选。因为大部分人都有脸书（有些人可能使用不频繁），所以一般如果有活动的邀请通知，人们往往愿意在脸书上发布。

Facebook

Snapchat

我是最近才开始玩Snapchat的。上次参加小组会议的时候，我的几个美国朋友一直在玩，而且还问我为啥不玩，于是在吆喝下我也下载了。发现很多朋友未曾发在Facebook、Instagram以及微信上的东西，竟然在Snapchat上。Snapchat有“阅后即焚”以及可设定销毁时间的My Story（类似微信朋友圈）功能，也找不到聊天记录，特别适合在校学生分享每日槽点又或抱怨教授作业太多，完全感觉不到社交压力，因为一切都会消失，发布时不需要太多顾忌。

比如，我就看见过有些喜欢做美食的朋友，他们可能在Instagram上发的是让人垂涎欲滴的美食图，点赞率也极高，但是他们在Snapchat上发的就是做的过程中酱料乱涂或是食材横七竖八的样子。

还有些喜欢派对的朋友，在Instagram上发布的是美美哒“塑料姐妹花”合影，但是在Snapchat上就是发布自己该穿哪双鞋或是给男朋友涂口红、穿丝袜这样搞笑而“闷骚”的照片，也有晒出派对疯玩以后第二天醒来时蓬头散发的样子。因为是短暂的“阅后即焚”，所以就不会有泄漏照片而造成一些麻烦的事情发生。

Line

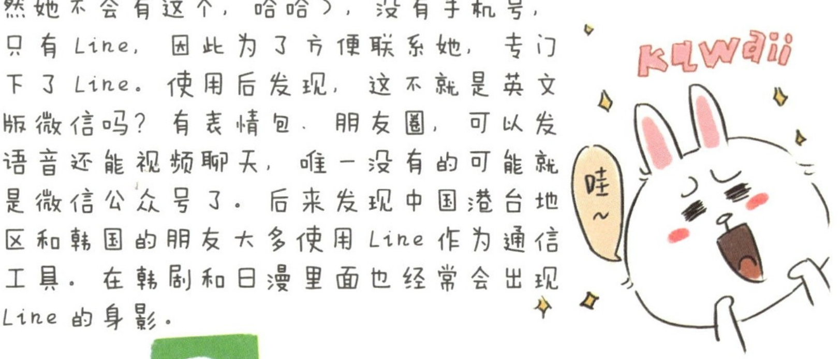

我知道Line是因为在大二的时候认识了一个日本女孩子，她没有微信（当然她不会有这个，哈哈），没有手机号，只有Line，因此为了方便联系她，专门下了Line。使用后发现，这不就是英文版微信吗？有表情包、朋友圈，可以发语音还能视频聊天，唯一没有的可能就是微信公众号了。后来发现中国港台地区和韩国的朋友大多使用Line作为通信工具。在韩剧和日漫里面也经常会出现Line的身影。

WeChat（微信）

中国学生最常用的还是微信啦。很多喜欢和中国学生玩耍的美国学生或其他国际生也会使用微信和大家交流。平时和家人聊天、视频也都会使用微信。现在电脑也可以下载客户端了，在手机和电脑之间传文件时也常常会使用微信。

GroupMe

这是一个在大学校园里学生特别喜欢用的群聊软件，只需要手机号码即可使用。每次小组会议或是要讨论做课题研究，大家就会在群里吱声。也可以给对方发的回复点赞，还能设置封面图。

Messenger

Facebook的附属产品，需要单独下载。当你与人互加为脸书好友后，你们在Messenger上也自动成为好友。多数情况下，只有好友之间才能收到彼此的Messenger，但在特殊设定下，即使不是好友也可以看到对方发来的信息。这条主要适用于刚在Facebook page上看中东西想买需要联系买主的时候。但大部分美国人还是会使用手机自带的iMessage来联系彼此。

iMessage

在美国，短信息是不收费的。iMessage属于联网发送的短信息，更不用收费。到了美国后发现，其实最方便快捷的联系方式就是发短信了。尤其在基本人手一台iPhone的环境下，发短信是最简单的手机沟通方式。

Skype

Skype的主营业务是语音通话和群语音。在需要群语音时会使用它，比如远距离会议或者组团打游戏。有的公司也会使用Skype进行电话面试或视频面试。Skype不仅可以在手机上使用，也可以在电脑上使用。

卫生棉条

卫生棉条在美国是比卫生巾更加普遍的存在。卫生棉条的使用方法非常简单，妹子们按照个人身体情况可以选择大容量或常规容量，每3~4小时需更换一次。比起卫生巾的超强存在感，卫生棉条的存在感近乎于无。有一些专用的棉条可以在下水游泳时使用！

HPV疫苗

近两年才入驻中国医疗市场的大名鼎鼎的HPV疫苗在美国已经非常常见，你大可借留学的机会搞定HPV疫苗接种，防患于未然！！

HPV疫苗又称宫颈癌疫苗，是世界上第一支可以预防癌症的疫苗，它可以有效减小女性患宫颈癌的可能性，也可以减小男性患上一些生殖系统癌症的可能性。HPV疫苗分为三剂，需在半年内接种完毕。

一般留学生医疗保险中就已经包含了各种疫苗的费用，也就是说，留学生不用支付额外费用就可以接种HPV疫苗啦。免费又高效的疫苗当然要打，及时接种疫苗也是对自己身体健康负责的表现哟！有兴趣的同学可以联系自己学校的医务室进行咨询或预约。

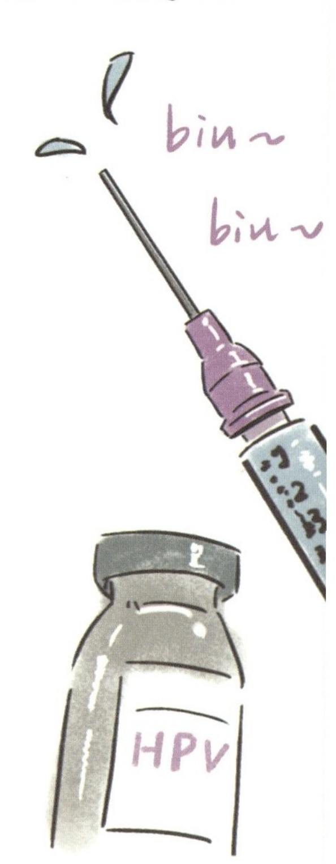

校医务室

如果对所处城市的医疗系统不是很了解，也没有发生什么紧急情况的话，校医务室绝对是每个生病宝宝的最佳选择。留学生在申请F-1签证时一般都会被要求购买学校提供的保险，费用不低，但确实是四年生活的一个保障。每个学校所提供的保险都不同，包含的项目也不一样，留学生可以在来到学校后询问学长、学姐或者直接到医务室预约护士过一遍保险内容。一些免费的项目如果感兴趣就去使用吧！

危及生命的紧急情况一定要报警，除此以外，预约校医务室的治疗都是包含在保险内的。真正的花费来自一些检查和医生所开的药品。交流的时候不要紧张，医生和护士知道是留学生的话，一般都会放慢语速，甚至使用谷歌翻译去了解你的病史和病情。

打疫苗

如果有想接种的疫苗，可以直接在学校的诊所预约，写好疫苗名称，选好预约时间就可以接种啦。通常来说，在校内接种疫苗的费用由学生保险承担，不需要另外付钱。

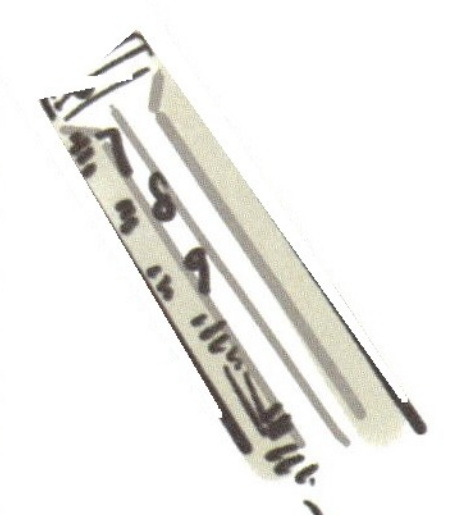

修车

在美国修车十分让人头疼。美国的修车人工费非常高，少则几百，多则上千。有时车内部和外部的问题甚至需要去不同的地方修理。除了需要修车外，每半年还需要做一次汽车保养、换机油，甚至换轮胎。高昂的修车费用使得车辆保险在美国成为了生活必需品。如果条件允许的话，也可以选择自己购买相关零件，试着自己进行简单的修理或更换，这样既锻炼了动手能力又可以节省一笔不小的费用！

第二章
衣食住行和校园生活

上学服饰

东海岸（纽约、波士顿）
西海岸（西雅图、加州）
中南部（得州、北卡、南卡、科罗拉多）

美国学生的日常服饰其实很随意，但讲究的时候他们也会很讲究，在合适的场合穿对衣服才是最重要的。比如，去健身房肯定穿运动服，上课若是有需着正装的演讲，衬衫西裤肯定不会少，求职时他们会穿得很职业，参加聚会时也会精心打扮。

不过像在阳光常年普照，蓝天白云，干爽舒适，气温 20 °C 的**加州**，T恤、牛仔短裤、人字拖、帽子、墨镜再熟悉不过啦。即使是冬天，开车时阳光也很刺眼，戴上墨镜不仅可以遮阳，还可以凹造型，分分钟起明星范儿。在加州的海滩上，也会看到身穿各式各样比基尼的小姐姐躺在沙滩上看看书，晒晒太阳，做做运动。总之，加州的时代感风格总是要露个腰线什么的，毕竟那是加州风的基础搭配。

美国东海岸分布着纽约、波士顿等在国际上颇有知名度的大城市，与美国南部随意舒适的穿衣风格相比，大城市的穿衣风格更加都市化、时尚化。像Ins上时尚博主一样的穿搭也并不少见：春秋的衬衫、卫衣，夏天的裙装、各式短袖、裤子，冬天的大衣、棉服、雪地靴……

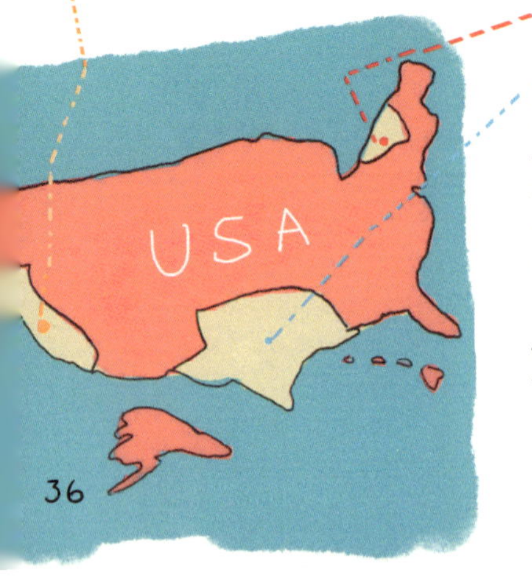

得州的美国大学生上学基本上是运动鞋、运动裤、大T恤。美国女生还酷爱紧身运动裤（Leggings），随便套一件短袖上衣就出来上课啦。穿长袜也是直接包到运动裤外面，也不嫌丑；里面类似秋衣的领子高出毛衣领子，也觉着好看。秋天天气稍微冷一点的时候，会是一件大卫衣配短裤和长袜加布鞋。不过有些女孩儿确实穿起来好看。

留学以后的穿衣风格

Esther： 和欧洲留学的小伙伴比起来，美国留学生日常穿着都比较随意。不过，简约干净也是好看的（less is more）。无论穿什么，脸上常带笑总是加分的。虽尝试过几次欧美浓妆，但发现暂时还不太合适，还在慢慢寻找让自己看起来清爽舒服的衣着与妆容。其实日常稍微打扮一下就会听到“You looks so cute”或“I like your outfit”之类的小赞扬，虽然只是顺口一句，但是听者有意，于是再见到他人的时候也会赞扬对方一句“今天看起来不错”。

自信的女孩子最美丽呦~

画者：笑容正在加载中……

Sky： 比起在国内时的学生妹风格，现在的穿衣风格更加成熟、自我了。不盲目追求流行和时尚，而是开始关注符合自己气质的品牌和风格。花里胡哨的衣服少了，更忠于纯色和基础款的服饰。平时上课还是穿得很随意的，受美国姐姐们的影响，也喜欢穿舒适的Leggings和大卫衣，保暖又方便。出去玩或参加活动时就会稍微打扮一下。建议大家在出国前至少准备一套正装和一件小礼服裙，非常实用。

今天看起来很不错哦~

Dinni： 开始喜欢穿带有学校LOGO的卫衣，喜欢穿“仿佛没穿裤子的”Leggings，喜欢早上随便拿件free T-shirt（各种活动发放的免费T恤）套上就出门。心情好、起得早的话，还会花时间画眉，描眼线，刷睫毛。其实穿衣风格真的因人而异，我觉得很大程度上还是自己原先的风格。美国学生很喜欢穿带有自己大学（或者高中）和组织LOGO的T恤和卫衣。一般学校的书店或者纪念品店里都有卖，价格还是挺高的。Free T-shirt更是吸引新生眼球的大法宝。

每天都要开开心心哦~

特殊场合着装

超正式

Ultra- Formal

适合西方社会晚间最最最正式的场合，主要是授勋仪式、宫廷晚宴、国宴、正式舞会等，一生也不知道能不能参加一次呢。这个时候需要穿全套礼服（Full Dress）。男士穿燕尾服（Tailcoat），配白色马甲、白衬衣、白领结、黑色丝质短袜或长袜、黑色宫廷鞋（鞋头带黑色蝴蝶结）或牛津鞋。女士穿小拖尾长款晚礼服，在最正式的初次社交舞会上，裙装常被要求为白色。常见的配饰则包括披肩和长手套，手套在就餐时需摘下。

正式

Formal

这是最常见的正规着装要求，适合参加婚礼、正式晚宴、酒会等。男士要穿晚礼服（Tuxedo）、正式西装或燕尾服，配白衬衫、黑领结、黑腰带、黑袜子和黑鞋。女士则穿晚礼服（Evening Gown）、高跟鞋，配小手包，耳环、项链、手镯（不是手表）等配饰最好比较闪亮。妆容比日常妆稍浓一点，不化妆会失礼哦。

半正式

Semi-Formal

半正式是介于正式和非正式之间的一种着装要求，比较自由，但是也不随意。男士穿简单的西装，活动在晚间的话可以穿黑色或深蓝色的西服。女士最好穿连衣裙或短裙，膝盖上下三四厘米的长度。一般鸡尾酒会在下午4点到7点举行，也是属于半正式着装场合。

商务便装
Business Casual

像是去高档餐厅、金融公司、校园招聘会这种不是特别正式的职场、聚会或扩展人际关系的场合，虽然便装相对来说更加随意亲切，但也不能随便到穿牛仔裤。男士一般领带要和衬衣搭配，裤子长度、大小合适。女士一般是西裤或者齐膝裙，也可以穿衬衣和西装外套。

休闲装
Casual

这个就是日常出门的穿着啦。着装不宜暴露，一定不要刻意显露性感，因为在美国性骚扰是一项很严重的指控。

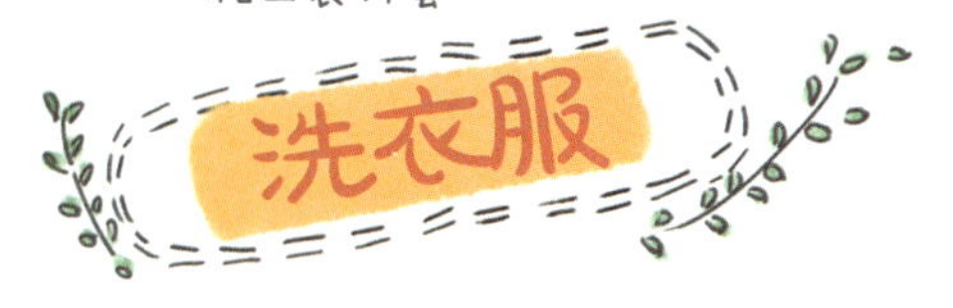

美国的洗衣方式真的让我爱上洗衣服！高档一些的住处会自带洗衣机和烘干机，通常是内嵌在墙里的，像壁橱一样。有些地方会配有洗衣房，有的需要投币，有的需要刷卡，当然也有免费的。

在美国洗衣服常用洗衣球或洗衣液。把衣服按颜色分好类，分别投入洗衣机，然后视衣服数量放入一颗或两颗洗衣球，就可以开始洗衣环节。可以在洗衣机上自行选择温度或模式，通常分冷水、温水、热水、白色、彩色等。一小时左右后，取出的衣服是正常洗衣机甩干后的状态。再把衣服放进烘干机，等一小时左右，拿出来的衣服暖烘烘干爽爽，就可以直接穿啦。在美国非常少见有人将衣服晾干的。家家户户也没有晾衣服的杆子或专门晾衣服的设施。晾衣服对于大多数美国人来说是一件很奇怪的事情。

校园餐厅
（校内餐厅文化）

美国校园的餐厅文化很有特色。像很多电影中表现的一样，在餐厅吃饭时往往会有小团体。在学校餐厅自己一个人用餐是一种很不合群和孤独的表现，可能会让人对你形成孤僻、不好相处的印象。这种情况在美国高中尤为明显，到了大学可能会更自由开放一些。但不论高中还是大学，初来乍到时找到合适的人一起吃饭，对于融入环境和交朋友都非常重要。有的高中会安排学长带你一起吃饭。如果没有安排的话，就在午餐前尽量寻找看起来比较友好的同学，勇敢地询问对方可不可以坐在一起吃饭。在融入了小圈子之后，才能更好地融入大环境！

贝勒大学一共有4个食堂，分别在校园的不同角落。每个食堂都有自己的特色食物。大一可能有meal plan，你可以随时刷卡进去吃东西，很方便，但会比较贵。美式食物占校内餐厅的大部分，会多糖多油，不是很健康。但每个食堂一般都会有沙拉类，是不错的选择。

薯条~

龙虾~

芝加哥比萨

美国食物

来美国之后最痛苦的确实就是吃饭了！想念我大中国的美食！当然，如果你有一个“美国胃”，非常喜欢面包、牛奶、麦片和汉堡、薯条，可能会过得如鱼得水。

真实的美国饮食并不像大家想象的那样，日日西餐，刀叉杯盘一大堆。日常只是简单的汉堡、薯条、比萨、意面、三明治等。传统的美国早饭通常以牛奶、麦片和面包为主，一般都是冷的，没有热饮或粥这一类暖胃的食品。午餐通常是汉堡、薯条等快餐或自制三明治。晚餐一般是热的食物，是一天中最隆重的一餐。

炒冰淇淋

中餐店的牛肉面

美国的中餐是典型的美式中餐，很多菜在中国其实根本没有，但也算比较接近中国菜。来美国的第一年我简直是靠寝室旁边的Panda（美国大型中式快餐连锁店）为生的。逐渐适应美国食物之后，其实也会找到自己偏爱的，有一些炸鸡、牛排、比萨非常好吃。比起刚刚来美国时对食物的抗拒，现在的我更乐于尝试自己没有吃过、看上去不怎么样的食物了，也常常吃到惊喜，是和中国菜不一样的味道。

炸鸡

炸鱼

我们所在的得州的饮食主要以得州墨西哥餐为主，其实和中餐很相似。最大的区别应该就是国内吃饭除了快餐大多都是大家一起分享，但在这边大多都是自己点自己的，很大一份餐。有时候同学之间会先自己点自己的，之后再互相分享，哈哈哈！这应该也是非常Chinese了。

另外，美国人是完全不喝热水的，充其量喝个热饮。所有饮料或水都是加冰的。点餐时不想要冰要事先说no ice。

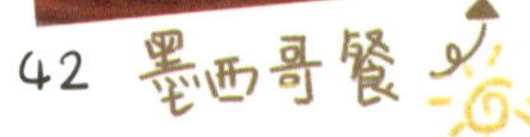

很火的外卖APP~

Favor – Anything Delivered

外卖点餐最常见的要算比萨了。朋友聚会或是懒得做饭时，叫比萨很方便。各大比萨店都提供外卖服务，可以直接在官网上选择菜品并支付，接着就等着比萨小哥来敲门送餐啦。有时小费可以在网上直接支付，但在无法直接支付小费的情况下，一定要记得准备一些零钱，在接过外卖时递上适当的小费。

pizza~

具体的外卖信息可以在各大餐厅的官网查询，很多餐厅本身并不提供外卖服务。这时，可以通过当地的外卖服务点餐，这种服务会收取一定的外卖费，大家可以在与其有合作的商家选择自己喜欢的餐品，会有专门的外卖人员去店里取餐后送到家里来。一般这种外卖服务的费用要比比萨店等的店内直接外卖贵一些。

或许是由于美国人几乎都有汽车，无论是大学生还是上班族，每个快餐厅几乎都有汽车点餐的通道。开车过去在第一个窗口点单，就可以在第二个窗口拿到食物了，比起外卖也没有麻烦多少。所以在美国，并没有美团或是百度外卖那样发达的送餐服务。

与当地家庭同食经历

美国食物的烹饪多为炖、煮和烤。烤箱是每个家庭必备的，不论蔬菜、肉类还是甜点，大部分日常饮食都是经过烤箱烹饪。传统的美式家庭早餐大多是培根、香肠、炒鸡蛋（scrambled eggs）和biscuits，注意这里的biscuits不是饼干，而是一种小面包。在面包上一般会涂抹黄油或者一种叫作gravy的酱汁，它是用面粉、牛奶和奶油制成的。

不同于中国人在家里吃饭会上几盘炒菜，美国人的方式是肉类（主要是牛排、鸡腿和猪肉排骨）大量准备一种，蔬菜[主要是西兰花（没错，美国人特别喜欢吃西兰花）、生菜、小卷心菜、红薯、胡萝卜和土豆]准备一种，甜点以蛋糕或者cookies为主。美国人烹饪肉食都是大块大块地烤，再用刀小片小片地分；蔬菜可以烤也可以水煮后撒些盐在上面，黄油化开后涂抹在表面；甜点的种类会更加丰富些，传统奶油蛋糕、各种口味的曲奇、南瓜派、鸡蛋奶油派等。

美式甜点～

摆桌也是用餐中十分重要的一部分。一般节日的晚餐会非常正式，刀具、叉具会根据食用的肉类和菜来调整大小；水杯会分为三个：饮料杯、酒杯和清水杯；盘子一般有三种：大盘用来吃主食，小盘用来吃甜点，如果还有一个盘子的话，大多是用来放面包和黄油的；餐巾会铺在每个盘子下面，也可以选择把它拿出来。

我个人觉得美国人吃的特别简单，非常注重原材料本身的味道，不会用太多调味品。但美国人吃得又很精致，从摆盘到食物的搭配，他们都会花很多心思。

上菜顺序

如果是吃稍微正式一点的西餐，有些餐厅会上面包，特别是意大利餐厅。有的时候也会放在一个大篮子里大家传着轮流拿，还有黄油、盐和黑胡椒之类的，若需要，则请身边的小伙伴帮你传递一下，不要自己弯腰或是起身去够。然后，是上各种前菜（Appetizer），会有一些汤、沙拉等。前菜之后就是主菜，主菜之后可能会再吃一点布丁、蛋糕或者水果。在日常饮食中，甜点吃得也不是很多，毕竟热量很高，而且很多对生活品质有追求的人还是对甜品有所节制的。

小费：美国小费文化

TIPS

thank you!

刚来美国时，美国的小费文化对我来说可能算是一大文化冲击（Culture Shock）吧！在美国餐厅用餐或是受到其他类人工服务都需要支付小费，一来表示对服务生的感谢，二来有许多服务生的工资可能是按美国最低工资支付的，服务生都是靠热情的服务赚取小费以增加收入。美国的餐厅除了快餐厅外都是要收取小费的。

装小费的罐子

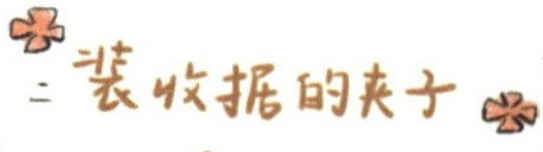

用餐结束后服务员会送上账单，我们需要把银行卡或现金放在账单夹内，服务员收走之后会很快带来收据，退回银行卡。在餐厅付款是不需要去前台输入密码的，商家可以用Credit形式直接刷卡收款，你只需要签名确认。在收据上签名的同时需要在小费一栏中注明小费金额。有的餐厅会直接按照不同百分比注明小费金额（Suggested Gratuity），由顾客自行选择付多少。有的餐厅需要顾客自己计算并决定小费金额，通常为餐费的10%~20%。高级餐厅的小费普遍要更高，节假日、晚餐的小费也会比其他时候更高。有些餐厅则不然，如果人数大于六，一般AA的时候每个人的账单里都会直接加上15%~20%的服务费（Automatic Gratuities）。

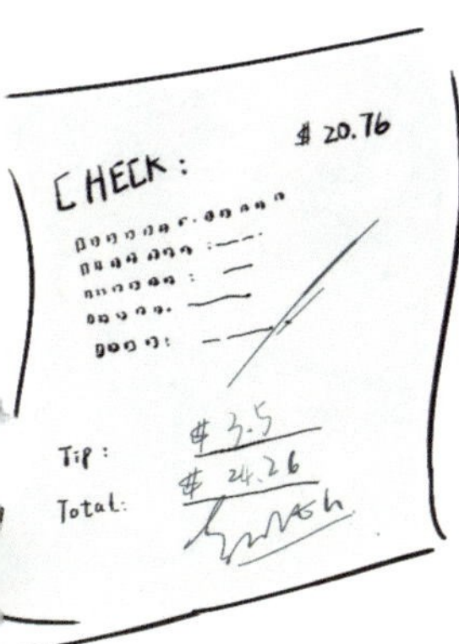

← 收据单

很多人担心不给小费会被歧视，其实更重要的是看服务员到底是怎样的服务态度。当你实在不满意服务员的服务时，不应该扣除小费，而是照常支付小费以后直接向服务员投诉。还有，假如你用了朋友送你的优惠打折券等，应该按折扣前的原价支付小费。如果你真的不喜欢给小费，那么建议吃快餐或是点外卖自取，毕竟入乡随俗还是很重要的。

餐厅：中午需支付税前用餐总费用的15%，晚餐为20%左右。快餐类自取的一般不需要小费。自助餐厅一般每人可支付1~2美元，虽然取餐的时候是“自助”的，但是还有那些给你倒水、擦桌子、收盘子的服务生呢！

机场与酒店：机场服务人员帮忙拿行李需支付1~2美元小费，一般离开住宿的酒店后需要留1~2美元每人每晚的小费放在床头柜，有些酒店会有专门装小费的信封。当然了，高级酒店需要3~5美元每人每晚。如果你直接把现金放在床头柜上，一些酒店可能会觉得放床头柜的现金是旅客的私人财物不可随意拿动，所以最好的办法就是写一张小纸条啦。不过也有些酒店收费会自动加上服务费，在20%左右，这种情况下就不用再付小费了。有些酒店还会有代客停车，如果你接受了他们的服务，那么请支付2~5美元小费，这个一般是在提车的时候给，如果不想支付小费可以表示感谢后自己去停车。

理发、美甲：不管是去美国店、中国店还是去“韩国城”的理发店和美甲店，都需要支付总价格15%以上的小费表示感谢，一般是20%~30%，因为像这种手艺活还是很需要耐心和细心的。在美国劳动力价格非常高，越花功夫的事情越是要多给小费。

酒吧：在酒吧喝酒，要支付酒保适当的小费，通常以每杯酒水原价的15%~20%为标准。如果常常去同一家酒吧，可能会得到一杯免费的酒水（这时酒保通常会把酒杯倒置在桌面上以作暗示），但要记得，就算是免费的酒也要支付小费。

出租车：出租车小费通常为车费的10%~20%，视情况和服务态度而定。若是凌晨或深夜，相对来说就更高一些。像用优步打车软件时，在你到达目的地后也会有小费的选项。

外卖服务：一般也是支付总餐费的15%~20%作为外卖小哥的服务费，不过如在天气比较恶劣的情况下，为了感谢他们风雨无阻前来送餐，也是要多给一点的，毕竟你都懒得出门。万一来了个外卖小帅哥，你看颜值也想多给的话，这个时候要遵从自己内心的想法！哈哈哈哈哈！！

旅游类服务：有些热门景点会有当地导游的服务，通常你享受了服务就需要额外支付导游费用的15%~20%作为小费，像去打鱼、打猎等也需要支付导游行程费用的15%~20%作为小费。当然也会有一些政府机构里面的官方导游，他们一般是不能接受小费的。

快递邮件服务：好像目前身边没有遇到哪个妹子是不喜欢收快递的，不过在美国，USPS，UPS，FedEx的邮差一般不需要支付小费，通常美国人也不会给他们小费。如果想表示感谢，可以夏天请他们喝罐凉汽水之类的。对于大型家具专门送货上门，而且还帮忙安装的，应该支付每人5~10美金的小费。不过大部分留学生都比较喜欢简约型的宜家家具，一般都是自己买回家找几个小伙伴一起组装就可以用啦。

快餐和饮品店：一般没有特别服务的情况下，如只是为你点个单或者记个账，可以选择不给小费。但如果你对那位小哥哥或者小姐姐特别有好感，给小费也可以成为表达自己心意的一种方式。一般排队点餐式的快餐和饮品店没有必要支付小费，但会有小费的罐子或盒子放在收音机处，由顾客自己决定是否支付小费。

咖啡

美国作为全球咖啡消费量最大的国家，不论男女老少，以大学生和在职人员为主，似乎都有咖啡“瘾”。贝勒大学在两幢主要教学楼和图书馆内都有星巴克，经常会看到长长的队伍，听到人们不停地说“I need caffeine”。咖啡也早已不仅仅是熬夜神器，市中心街边处处可见各具特色的咖啡馆。下午点杯美式拿铁，坐在落地窗边的小木桌旁工作也成为了很多人的首选。

在美国比较常见和受欢迎的咖啡有哪些呢？在此主要介绍六种：

ESPRESSO 意式浓缩咖啡

最浓的咖啡形式。Espresso 是各类咖啡的基底，加上不同的奶量和奶泡就变成其他类型的咖啡了。在其他饮品中也可以加上意式浓缩咖啡，比如比较受欢迎的抹茶拿铁里就可以加！一份 espresso 没多少分量，小小的一杯，有人会像 shot 一样一饮而尽。一份是 solo espresso，两份是 doppio espresso，三份是 triple espresso。

Café Americano 美式咖啡

在星巴克最常点的就是美式咖啡，也算是冰咖（ice coffee）的一种，简单来说就是 espresso 兑上水或冰块。像平常不太喜欢喝咖啡但需要咖啡来提神的，可以选择美式冰咖！

Latte 拿铁

拿铁既有咖啡的美感，又有牛奶的柔滑。一杯 latte 里包含了意式浓缩、热牛奶和奶泡。拿铁的本意就是“加牛奶”，口味也有很多种，比如最经典的 vanilla latte（香草拿铁）和 hazelnut latte（榛子拿铁）。顺带提一句，如果你想要在咖啡店里点一杯奶茶，也可以用 latte 这个词。Black tea latte 就是红茶包用热牛奶泡，味道也十分纯正。

Cappuccino 卡布奇诺

卡布奇诺的奶泡比拿铁多，极其享受咖啡味道的人一般不会选择卡布奇诺。卡布奇诺分两种，如果想要多一点牛奶的可以要 wet cappuccino，反之就要 dry cappuccino。而且注意哦，卡布奇诺只有热的，没有冷饮！

焦糖玛奇朵 Caramel Macchiato

如果不怕高热量的话，喜欢甜一点口味的朋友一定对 caramel macchiato 赞不绝口。焦糖玛奇朵是以 espresso 作为基底，再加上牛奶、香草糖浆奶泡，最后在奶泡上面淋上浓浓的焦糖酱，入口即化。

Mocha 摩卡

摩卡的成分是 espresso、热牛奶、巧克力、奶泡以及奶油，是咖啡和巧克力的完美融合体。摩卡酱就是由巧克力酱等调成的。个人非常推荐白摩卡，再加上更多的鲜奶油，简直是美味大无边，不过热量大爆炸，哈哈。

在美国很少看到像在国内那样：一罐茶叶，泡的时候抓一些出来。大部分情况下都是茶包、速溶茶或者花茶之类的，比较常见的茶包品牌有 Lipton（立顿）、Bigelow（伯爵茶）和 Twinings of London（川宁）。总用茶包是因为美国是不产茶的，茶都是进口的。美国人也很少喝热茶，他们有的时候会把茶泡好放冰箱，喝的时候拿出来切片柠檬放进去。美国南部州的人很喜欢喝冰茶（Ice tea）和甜茶（Sweet tea）。顺便说一下，红茶在英文里叫 Black tea，不是 Red tea 哦，但绿茶很直截了当——Green tea。

奶茶店

自己做饭（Homemade Food）

调料：老干妈（神器）、生抽、老抽、蚝油、料酒、黑胡椒、白胡椒、鸡精、十三香、冰糖、辣椒酱……有一些调料可以从国内适量带，毕竟这边又贵又难买。

下载“**下厨房**”“菜谱大全”等APP，把食材输进去就会出来各种做法的菜谱，下厨必备。多看多吃也能学到别人的拿手菜。

唯有美食与爱不可辜负

（下厨房APP）

其实做菜这件事一回生二回熟，最重要的是真的**动手做**！做出黑暗料理也不怕！秉承着能吃就是好菜的精神坚持做菜！做着做着就发现做菜也没有那么难，家常菜无非是食材下锅，看心情放些调料，熟了就可以吃了。当然像红烧肉、红烧鱼等大菜还是要事先查好菜谱的。

鸡翅

简单技能菜：咖喱饭、西班牙海鲜饭、意大利面、土豆丝、西红柿炒鸡蛋、烤鸡翅、煎牛排、可乐鸡翅、什锦炒饭、炒面、小白菜丸子汤……

去超市的日常

自己给自己做饭简单，但是主要看心境，一般做饭请朋友们一起吃的时候比较多，大概一周3~4次。毕竟自己做饭没人给打下手，吃完还要自己苦哈哈地刷碗！

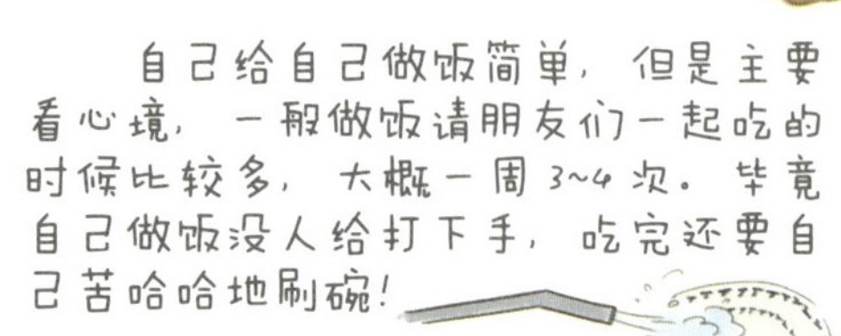

在外最怀念中国的味道是什么？

瘦肉丸

温州人在此，最怀念炒粉干、糯米饭、甜豆腐脑、鱼丸汤、鱼饼、瘦肉丸、排骨米面、大馄饨、江蟹生、雪蛤、鸭舌、灯盏糕、杏仁腐、猪脏粉……（此处省略一万字。）

鱼饼

火锅！火锅！火锅！凉皮！！麻辣烫！！烤串！！灌汤包！！（一看就知道我是在一个没有中国城的"村里"生活。）

火锅

烤串

小笼包和生煎，火锅和烤串，麻辣烫和沸腾鱼，一切和羊肉有关的菜，大闸蟹和过桥米线，还有妈妈烧的家常菜。

生煎

"接地气"的日常饮食~

怎么租房比较靠谱呢？

租房前先多了解学长和学姐的租房情况，条件允许的话可以去家里看看是否合适。

可以直接在网上（一些社交网站、租房平台等）搜索校园周边的可租房源。一般学校的住房办公室（Housing Office）也会推荐一些周边住房信息给学生。

中国学生会一般也会提供一些租房信息，对于初来美国对房型不熟悉的小伙伴，联系他们或者华人教会是个不错的选择，语言交流也方便。

个人体会：租房最重要的是先找个好室友。两个人总比一个人好，找房型、找物业、找家具都有个伴儿，压力会小很多。在整合信息和对比价格之后，选择好自己想住的房源，联系对应的租赁服务办公室（Leasing Office）安排看房或询问细节，包括确定房源的租金，是否需要自己付水电费和网费，是否提供家具以及租期。租期一般以12个月为佳，有一些房源会提供半年的租期，但租金相对来说更高。签约前需要交押金，在房约到期后若房子没有损坏部分，押金是可以全部退还的。若为了贪便宜找不正规的租房机构，发生任何事情都比较难处理。

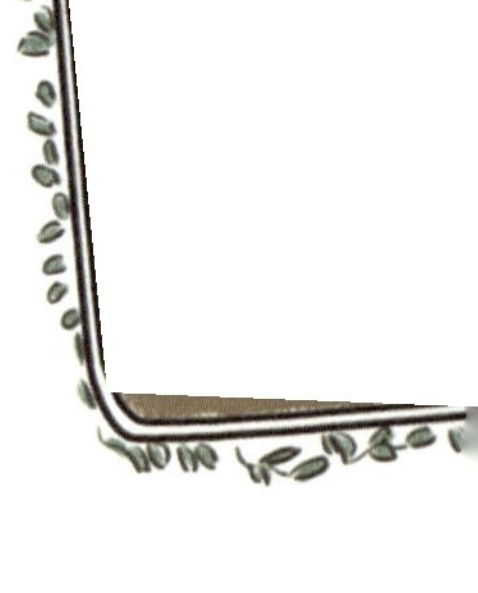

家具购买：一般美国租房分为两种——带家具和不带家具。前者优点是方便入住，不需要为买家具操心，缺点是房租会贵不少。后者优点是价格便宜，而且可以按照自己的想法进行室内布置，缺点是入住前需要上脸书或者各种学生群里淘家具。一般一学年结束的毕业季，很多人都会家具大甩卖，相比之下还是很方便实惠的！可以根据自己的喜好在沃尔玛、宜家等购物网站上选择，邮到家里自己拼装，装好后还能收获满满的成就感！也有一些二手家具店和装饰品店，如果运气好碰到合适的家具也是很划算的，比如说钢琴。

美国房型简介

校学生公寓

Dorm

一般是学校提供给大一入学新生的，很多大学规定新生第一年要住校。一是安全，二是走路去上课相当近。在公共区域还有洗衣机、烘干机，沙发、桌椅，自习室。一般是两个人一个房间，和室友一起使用同一个卫生间。如果初中、高中没有住宿经历，那么这样的房型将会给你一种全新的体验。要么你会和室友很快打成一片成为相当好的朋友，要么会出现抬头不见低头见，但是尴尬不说话的局面。价格比校外租房偏高。

还有一种是一间房里有3～4个卧室。室友们共享厨房和客厅这些公共区域，但每个人会有独立卧室以及卫生间。这样的房子租金会相对贵一些，但对于刚到美国留学的学生来说，有一定的独立空间会更方便调整自己的状态。

独立房屋

House

适合4~6人合租，有后院、车库和草坪，类似国内的别墅。房租多人平分，价格也比较实惠。建议有车后再住House，因为一般都会离学校有一点距离。到入学第三四年，如果已经有一定的交友圈，有比较适合的同租伙伴，组一个独立的House将会是非常棒的体验！

城市排屋

Townhouse

一般都是两三层，墙壁和旁边邻居的房子相连，有较小的院子，类似国内的联排别墅。

校外公寓

Apartment

从家里小院子的位置拍照很温馨哦~

多室多卫，一般分为1个房间与1个洗手间，2个房间与2个洗手间，3个房间与2个洗手间，或者4个房间与2个洗手间。

一体化式吊灯吊扇~

Studio

有一种房型就像Studio一样，没有空间分隔。客厅、卧室、厨房、餐厅全在同一空间。

没有预算买电视机的话看电影、电视剧用投影仪也很方便哦~

公寓楼下的学习区~

家中学习的客厅~

租房实用词汇总结

Tenant：租房者

Landlord：房东

Leasing Office：小区服务办公室，有任何关于房子或包裹等问题都可以去问他们

Rental：租金，也就是每个月的租房费用

Lease Agreement：租约，一般合同都是一年

Term for Lease：租期

Lease Renewal：续租，住满合同所签租期还想继续住的时候需要联系 Leasing Office 的人

Security Deposit：房租的押金

Washer and Dryer：洗衣机和烘干机，有些小区有独立的设备，有些小区是公用的

Initial：first name（名）和 last name（姓）的首写字母，一般在签合同和正式文件时较为常用

Contract：合同

Check：支票

Electricity：供电，很多小区每个月的电费可以直接在网上支付

Garbage Collection：一般指小区的垃圾清除

床的尺寸

美国床的尺寸（单位：英寸）：

Twin	39 x 75
Twin XL	39 x 80
Full	54 x 75
Full XL	54 x 80
Queen	60 x 80
King	76 x 80
California King	72 x 84

寝室的床一般为 Twin size（普遍都是这个尺寸），也就相当于国内的单人床，不大不小刚刚好。

但如果晚上睡觉会闹腾的同学可能 Full size 和 Queen size 更适合你们。

目前我睡的是 Queen size，很喜欢。如果是一个人睡的话，king size 并不是很必要。

租房时，若公寓提供家具，则多为 Queen（Full）size 或 Twin size。

自己购买的话就看个人情况啦如果睡觉过程中喜欢翻跟头或者平时喜欢在床上滚来滚去的话可以购买 king size 的床，正常情况下 Full size 的床就够用啦。

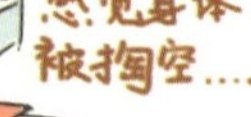

电器维修

记得大二和朋友一起租了校外的一套公寓居住，终于摆脱了大一使用的公共厕所和淋浴，心里万分激动。可入住第三天就出现了意想不到的状况：马桶无法冲水。我俩又是不停按抽水按钮又是往里面加水，可一点变化也没有。后来不知哪来的自信觉得凭我俩的能力一定可以修好马桶，啥也没想就直接把马桶后面的水箱给拆了……之后只记得里面的水管突然爆掉，肆意喷水，整个卫生间差点沦为"水族馆"。

校外租住的大多是老房子，很多设施时常需要维修。即使是新装修的公寓，厕所漏水、厨房搅拌机卡住、空调停用、灯泡不亮的情况也会发生。这时候请大家务必保持冷静！美国出租的每一间公寓都会配有一家Leasing Office。在这个互联网发达的时代，甚至足不出户便可以在Leasing Office的网站上申请保修。一般保修表（Work order）都会非常详细，分常规（regular）和紧急（emergency）两种。你可以把维修地点和情况统统先写到保修表上，让师傅了解你的需求。师傅上门的时间不定，不过他们都有钥匙，可以随时进来，不需要在家里等候。这样的"放手"真的只有基于物业和业主之间的信任才能成立。师傅大多都很友善，如果你在家的话还会和你闲聊上两三句，给你解释一下情况。如果家里没人，他们也会留下维修单，告知维修情况。

公寓的Leasing Office的人员都很通情达理，公寓中出现任何情况他们都会负责到底。上学期我刚刚换了新住处，住了几天发现屋子里总是闷热，探了探空调的出风口，发现根本没有风出来。于是赶紧联系了Leasing Office说明情况。很快对方约我去办公室面谈，原来我所在的整间公寓的空调系统都出现了问题，需要在墙上凿洞，彻底返修。看我一脸无语，负责人歉意满满，并提出公寓内的所有人可以去另一间没人居住的公寓暂住1~2周，他们派人帮助我们搬过去和搬回来，并且送给我们公寓内四人每人一张50美元的礼品卡以示歉意。这样负责的态度让我非常服气。之前居住的小区在处理维修等问题时也十分有耐心。所以，遇到设施损坏的情况不要心急，也不要愤怒，及时沟通，问题就能解决。

室友

我的第一个美国室友：

刚来美国的第一个学期，学校要求必须住学校寝室，于是就遇到了我的第一个美国室友。当时我们都有独立的卧室和卫生间，但需要共享厨房和客厅。我的室友话不多，人看起来也很冷漠，而我当时和她的交流也不多，初来乍到的胆怯和对英语的不自信让我很少主动与她交谈。记得来到寝室的第一个晚上，我并没有随身携带生活必需品，当然也没有最关键的东西——厕纸。需要上厕所的我在屋里转了两圈，发现了室友放在厨房的厨房用纸。我羞耻地犹豫了两秒，还是顶不住顽强的生理需求，蹑手蹑脚地扯了厨房用纸灰溜溜地跑进了厕所。接着就出门参加新生入学活动了。到了晚上回到寝室，赫然发现自己的厕所里放着一卷崭新的厕纸。我猜大概是我的室友在自己的卧室里感觉到了我的活动吧……真的很尴尬了……第二天向她道了谢。平时我们的交集不多，初次见面时我曾赠送她中国的丝巾作为小礼物，圣诞节时她也贴心地为我准备了小礼物，一早走出房门就发现门前放着她的礼物，有些小感动。现在我已经搬出寝室一年多，也没有再见过当时的室友，但我想我不会忘记她，就像不会忘记当时青涩的自己。

呦呼～

呀呼～

做一个有灵魂的厕纸～

哼！人家也要做一个有灵魂的厨房用纸嘛！呜呼～

TIP: 美国用纸非常严谨地分为卫生间用纸和厨房用纸两种。卫生间用纸是可溶解的较薄的纸巾，可以使用后直接扔进马桶冲掉。厨房用纸是厚的，主要用来擦手、擦桌子，吸水能力很强。所以！两者不能混用！尤其是，美国大部分厕所里都没有垃圾桶，用纸都是直接用马桶冲掉的。

大一开学前的暑假，还在中国玩耍的我收到了来自未来美国室友Cami的一封邮件。Cami介绍了自己，她的爱好、高中经历、家人、大学专业、生活习惯等，并附上了她和家人的照片。看到内容满满的一封邮件，我很快回复了她。整个暑假，我们邮件来往了四五回。从第一封邮件起，我开始对未来的室友有了具象的期待，也感受到了室友Cami的贴心。因为我是国际生，得先参加学校的迎新周（Welcome Week），所以比Cami先到宿舍几天。在所有大一新生都应当到齐的那一天，我从早晨就盼望着Cami的到来，终于，傍晚在宿舍楼进行聚餐前，匆匆忙忙地见面了。在晚餐餐桌上，我们拿着发的小卡片（卡片上有可以互相提问的小问题），聊着简单又不着边际的话题。聚会上，Cami和我一起参观了学校的展览，穿着宿舍印花的T恤衫合了影。特别有仪式感的一天，让人印象深刻。我记住了那天Cami说的，她最喜欢的动物是大象。大一暑假，我去清迈旅行时，买了大象的冰箱贴送给Cami，她很开心。她也记住了我那天说喜欢看美剧，之后，Cami从家里带来了她喜欢的电影的DVD，和我一起观看。我们也是在那天发现了中美生活习惯的一个大不同。我们同样拿着净水器去饮水机前盛水，回到房间后，Cami把她的净水器放到了冰箱里。每次喝水时，Cami都会往杯子里加冰块。而我需要等净水机里的水过滤后，将水倒进开水壶里烧开，再放凉喝。我们都被各自的喝水习惯给震惊到了。我很幸运，大一分到了Cami当舍友，她特别sweet，很喜欢粉色和紫色，热爱生活，也喜欢做手工。我们房间洗手台上的洗手液过段时间就会被换成不同的节日系列，比如感恩节、复活节、情人节等。Cami给我们房间做的各种装扮，使我从有她当室友的第一天到最后一天的时间里，都觉得我们的房间特别有爱和温馨。

买车

车在美国，尤其是公共交通不便的城市几乎是必备用品。有了车，生活档次"嗖地"一下提高了。但在美国买车却不是一件容易的事情，一是因为买车有很多途径，需要我们去比较，二是大多数留学生对车和市场并不了解。如何买到自己喜欢、性能安全且价格合理的车就成为了一个难题。这里简单介绍一下几种买车途径：

私人买卖

顾名思义，就是你看中了一个卖家正准备出手的车，你和他之间进行交涉。这种购买方式的优点是谈价范围广，没有手续费，而且联系起来方便。不如意的地方在于这样私人买卖的机会并不多，对大部分国际生来说，只有身边朋友需要卖车才会有机会。而且转title（文件）等一系列文件程序都需要自己解决，费时费力。

Dealer

Dealer也就是所谓的车行，是专门卖车的市场。美国有很多有名的dealer，在各个地区也有许多声誉不错的车行，这需要自己查找资源或者经朋友推荐。Dealer的好处是选择多，新车或者二手车在系统上一查便知方圆几百里内同一家车行的资源，质量也有保障。而且一系列文件处理都是由dealer负责人帮忙解决，你只要选定爱车并且付款签字就好。后期dealer也有不少优惠的售后服务，包括保养和维修等。缺点也相对比较明显：价！格！贵！有！手！续！费！如果你不缺钱，而且就是想节省时间，来dealer买车绝对是你的首选。

卖车的车行

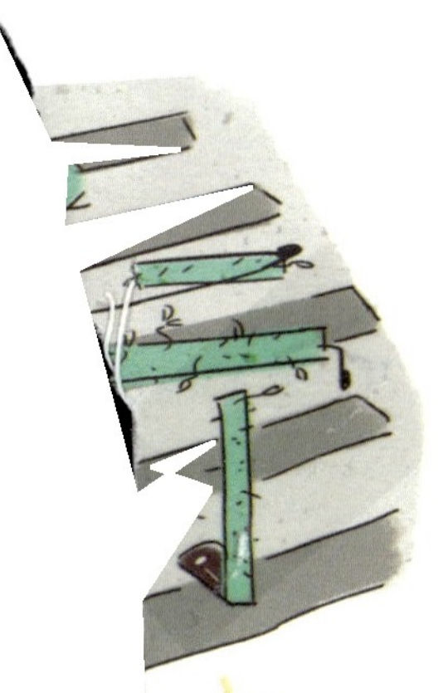

WE BUY CARS
BUY OUT LOANS & LEASES

二手市场

二手市场和 dealer 的区别在于它不隶属于任何公司，只是一个市场；和私人买卖的区别在于它一次不止有一部车的资源，可能有上百部车可供选择。然而，二手市场有很大的不确定性，尤其是汽车质量，需要非常谨慎地进行选择。

~二手市场的标语~

~加油站~

国内微信平台

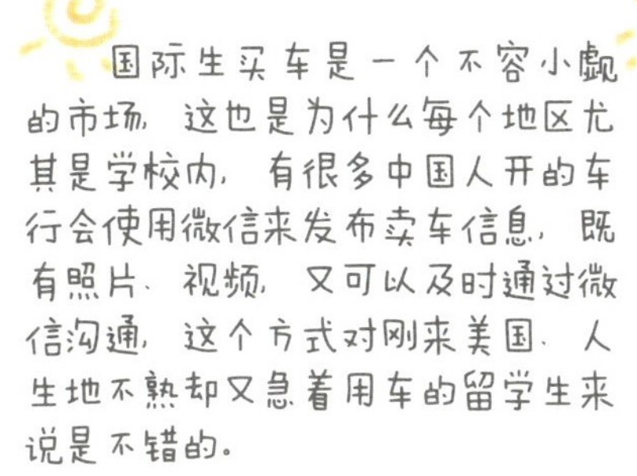

国际生买车是一个不容小觑的市场，这也是为什么每个地区尤其是学校内，有很多中国人开的车行会使用微信来发布卖车信息，既有照片、视频，又可以及时通过微信沟通，这个方式对刚来美国、人生地不熟却又急着用车的留学生来说是不错的。

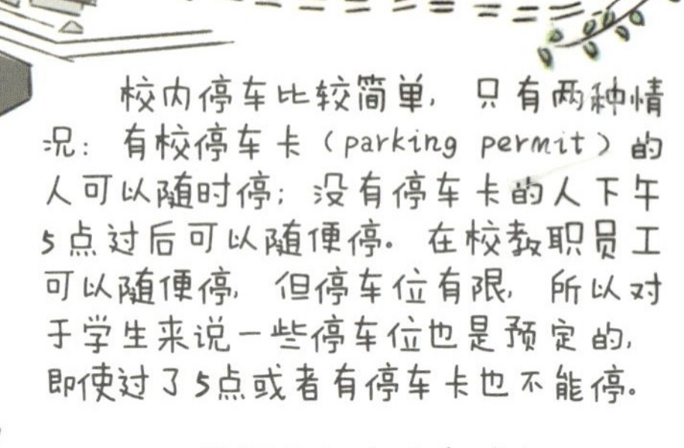

停车

校内停车比较简单，只有两种情况：有校停车卡（parking permit）的人可以随时停；没有停车卡的人下午5点过后可以随便停。在校教职员工可以随便停，但停车位有限，所以对于学生来说一些停车位也是预定的，即使过了5点或者有停车卡也不能停。

校园里也有访客停车场，主要为来学校办事或者短期来学校参观的人提供。访客停车场是免费的，在学校各个地点都会有，一般需要在网上预约。

校外有免费停车场，也有按时收费的趴车点。街边停车需要注意地上有没有停车线，附近有没有标志说不能停车。

拖车在美国是一件很平常的事情，不论校外还是校内都要注意！有负责看管停车的人专门拿工资每天在停车场附近转悠，看你有没有按规定停车。拖车费很贵，去拿车再开回来也很麻烦，所以，停车的时候一定要多留心，不要违反规定！

WHERE IS MY

拖车

公共交通

美国的公交站、火车站和地铁站与中国的无异。都有醒目的指示和线路地图，可以刷银行卡或用纸币、硬币购票，也可以办理交通卡，充钱后直接刷卡进站。如果有任何问题可以随时找站内的工作人员询问，不用害羞。

除了像纽约等大都市停车费超贵，人们出行会乘公共交通工具，地铁多一些，一般是每家每户有自己的车，人们会开车出门。这也是为什么自驾游在美国很常见。在偏僻一些的小城市，很少设有公共交通。通常，美国人在上了大学甚至高中就会有自己的车。汽车是美国人的生活必需品。

地铁卡

STOP标志

在美国开车除了红绿灯外，STOP标志也是一个很常见的标志。和字面翻译一样，就是“停止标志”。当驾驶员看到STOP标志时，一定要让车完全停下来，并且保持三秒，四处探望（顺便透露一下，在路考的时候见到STOP标志一定要停下来，夸张地四处探望，显示出你开车的谨慎，以便顺利通过路考！！亲测有效），确保安全后再继续行驶。它一般在没有红绿灯的路口发挥红绿灯的作用，疏导交通，减少事故的发生。

GPS

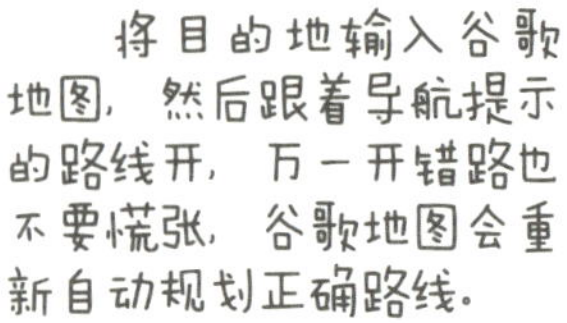

将目的地输入谷歌地图，然后跟着导航提示的路线开，万一开错路也不要慌张，谷歌地图会重新自动规划正确路线。

街道命名

街景

如同国内将街道按路、大道、街、巷、弄等命名，美国的街道通常按road，street，avenue，boulevard，way，drive，lane，parkway，place，court，circle，loop，highway，terrace等命名。所不同的是，国内的大街小巷可能会以数字扩展街道，而这里都是有街道单独的命名。所以美国的地址都只有门牌号、街名、城市名、州或省、邮递区号。有些路叫boulevard与parkway，通常比较宽大或是有路树分隔，lane与drive常指住宅区或是弯曲的社区路，circle大都是在地图上看得出来近似一个或半个的圆形路。

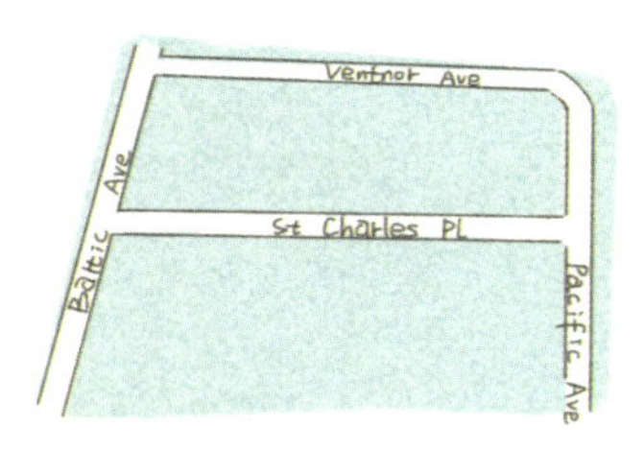

路标

街边的邮箱

高速公路驾驶情况

就算是有多年驾龄的老司机，也要记得出行前先大致看一下地图，对路线和方向做到心中有数。特别是在高速换道时，有很多切换口和出入口，比较复杂，车流量一多，司机就容易慌。新手们常常认为车速越慢越好，其实跟着车流速度走才是对的。很重要的一点是只要前面的车踩刹车降速，你就要马上跟着降速。在高速公路上要减少换道和超车的次数，因为偶尔是会有盲区的。若是要换道，切忌犹豫不决和优柔寡断！！

车险纠纷

若是不小心碰车了，千万不要慌张，如果是对方的错也不要一下车就情绪激动地想辩理。这时，应该开起双闪，然后就近找路边把车停下来，打电话给警察并耐心等待。小事故的话一般就是相互交换一下驾照信息和车保险信息，事后打电话给自己的保险公司讲述一下事情发生的过程。若是车在高速公路上发生状况，也是要打双闪靠边停车，然后打电话给保险公司。在美国，如果有人在你不在车里的时候撞了你的车，诚实的人就会在你的前车窗上留下他或她的联络方式。当然不诚实的人就……逃之夭夭了。

考驾照

大多数州法规定 16 岁就可以考预备驾照（排版不同），满 18 岁可以考取正式驾照。开车是美国孩子的基本技能，16 岁以上还不会开车的人很少。

考试前，确认需要携带的申请材料齐备，一般包括

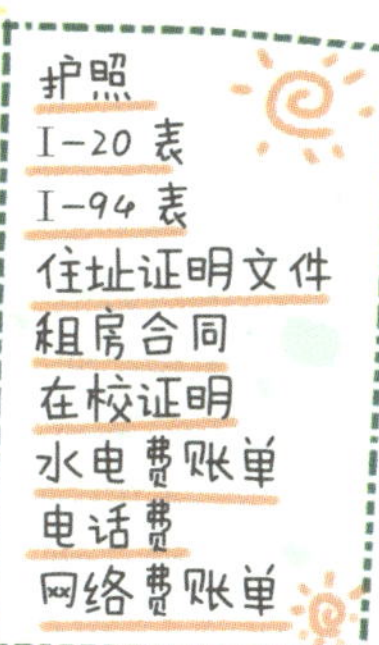

护照
I-20 表
I-94 表
住址证明文件
租房合同
在校证明
水电费账单
电话费
网络费账单

选课和了解教学楼

选课

每个大学生都会有一位自己的导师（Advisor），帮助规划每学期的课程、安排必修课及专业课的课程规划，并做好毕业计划，以免因为某些选课失误而导致毕业推迟。

~课程表~

Week of 8/23/2018-8/29/2018

Tuesday Aug 24	Wednesday Aug 25	Thursday Aug 26
	CNS 524-A Recitation 7:30 AM-8:20AM Seaton Hall 221	ENGL 417-C Recitation 7:30 AM-8:20AM Seaton Hall 108
CNS 650-A Recitation 8:30 AM-9:20AM Seaton Hall 257		CNS 650-A Recitation 8:30 AM-9:20AM Seaton Hall 257
	CNS 540-A Recitation 10:30AM-11:20AM Seaton Hall 108	

大学第一学期的课程通常已经由学校或导师自动选好了。开学前，可以在学校的相关网站上查看。如果觉得课程安排对自己来说太吃力或不满意，要及时与导师联系，进行换课，也可以在学校网站上进行操作。一般在开学初，导师会通过邮件与学生联络，或是学校通过邮件告知学生导师的姓名及邮箱地址。

之后每个学期的课程都需要学生自己选择，会根据各自的已修学分决定选课顺序并将日期公布在学生账号内。选课前，需要和自己的导师沟通交流，确定下学期要修的课程，提前做好规划，以免选课时手忙脚乱，错过好的教授和课时安排。

~学校一角~

校园生活

提前了解课程教学楼在哪

如果有时间，最好提前去教学楼走走，确定各课教室位置。我第一天上课的时候就走错了教室，特别尴尬。由于方向感太差，最初有时候上课还会带校园地图（campus map）。每个学校官网上都会有校园地图，初来乍到，在手机里存一张地图非常实用。每栋教学楼内也会有地图，用以标注每个教室的位置。

校园里的小狐狸~

与教授交流

Take it easy ~~

生理课教授为我们准备的爆米花！

美国大学和国内高中的学习模式是完全不同的：教授只负责上课和批改试卷以及作业。对国际生来说，和教授之间建立交流显得尤为重要。

刚来留学的同学，第一学期难免需要语言过渡的时间，如果上课没有听得很明白或是考试成绩不够理想，请一定要多跟教授交流，讲明自己的难处（如母语不是英语以至于上课时有些地方没有听懂），请求推荐辅助资料以便更好地完成课业任务，教授通常都会理解并提供力所能及的帮助。

第一天上课时，教授会给每个人发一份或是在Canvas系统里发布一份syllabus，也就是该课程的教学大纲。

syllabus

所需课本，考试形式，课程的打分标准，考试、作业、额外加分、课堂参与度等因素在最终成绩的分数占比等，教授的邮箱、办公室地址以及他在办公室的时间（通常可以在他办公时间直接过去，其他时候则需要发邮件提前预约）。

office hour

上课时把不懂的问题写下来，可以选择在课后或在office hour请教教授。

在office hour，我遇到过特别有耐心的教授，在课业上帮助了我很多，而且结课后我们依然保持着交流；也遇到过特别凶和冷漠的教授，但为了弄懂问题，也只能硬着头皮去问。总而言之，不要害怕问问题！

给我一根杠杆，我能撬起……

小组project

一、二、三、加油!

大多数课程在整个学期内会包括小考(quiz)、大考(midterm exam/final exam)、演讲(presentation)以及小组project。

小组成员有时是教授随机分配，有时也可以自己选择。之后，组员需要开小组会议讨论如何完成这项project，并按照教授指定时间递交作业。

不论你学什么学科，都会遇到小组项目的作业。这真是一类特别考验耐心和自信心的作业。因为是小组项目，所以从分组员开始就已定下项目未来的发展走向。

不要因为语言不熟练就放弃争取自己的权利和表达对项目的看法，要大胆地说和组织！美国人虽然英语比我们好，但并不代表他们逻辑比我们清楚，而且大多数组员是很希望听到不同人的建议和声音的。

抄袭

美国人极其看重诚信和法律。除了日常的信用记录外，作为留学生，在学校内要格外注意抄袭问题。我个人的经历非常惨痛，但确实给我实打实上了一课。

大一春季学期，我上了学校的必修英语写作课。这是一门让很多中国留学生头疼的课！因为课程要求通过一学期的时间写一篇15页左右的研究报告（research paper）。可能对善于写作或者有写作经历的同学来说15页根本不算什么。但对于我，刚刚开始适应国外的教学环境，没有任何research 的经验，外加写作功底不扎实，这门课真的让我很心烦，以至于临近期末交稿也没有花很多心思。

春季学期结束后就是令人期待的暑假。我到现在还记得在收拾好行李准备第二天赶往机场的时候，我收到了这门课老师的邮件。邮件内容很简单，就是想和我聊聊期末成绩。当时我的第一反应就是：完了，不会是不及格吧。长这么大我可从没挂过科啊……

我战战兢兢地来到老师办公室，赶紧先和老师说明已经订了明天的机票，可能没有很多时间处理成绩的问题。老师很和蔼，先问了问暑假回家要干什么，闲聊了几句家常，我的心也稍微平和了一些。后来又有一名老师走进办公室，搬了凳子坐在我们俩旁边。我开始还纳闷，后来我的老师告诉我，他是专门处理抄袭事件的。从听到“抄袭”两个字开始我的大脑就一片空白。以前就听

turnitin®

说过学校专门有部门来负责处理各种抄袭和作弊事件，但都觉得这些事离我很遥远。我自认为并没有抄袭，有些不服气，直接和老师说我认为自己没有抄袭。老师似乎料到我是这个反应，啥也没说，直接把电脑打开。电脑屏幕上显示的就是我的文章，上面有很多花花绿绿的标记。老师解释说，有一个系统叫turnitin，能检测论文和已发表的论文的相似度。一般相似度在2%~5%都算正常，而我是12%。原来我因为没有仔细检查论文，有两处该加引号的引用没有加引号，文末的参考文献也没做引用，导致系统直接认为是抄袭。

说实话，我虽然依旧认为自己没有抄袭，但之前我写文章真的很随意，总怀有即使这边“借鉴”一点，那边“改写”一点，老师也不会发现的侥幸。态度决定一切，虽是因为漏做了引用，但实际造成的结果就是抄袭。后来老师的话更让我心如死水：“因为这是期末论文，所以即使你之前的成绩都还不错，我还是要给你不及格。”就这样人生中第一次拿了个“F”。

但我非常感恩这次经历，在一年后重新修了这门课，并且用“A”替换掉了我的“F”！这次我格外注意细节，包括改写的部分也尽量做到用自己的语言去复述作者的意思，而且写完之后会用turnitin查重后再修改。

真诚地提醒大家：对待学业，尤其是研究性的作业，一定要注意原创性和引用的方式。

课堂笔记

Lecture 和 Lab 是美国课堂的两种主要形式。前者需要记笔记，后者一般更强调动手操作和数据记录分析。即使是学文科，学校也会要求至少上一门科学课，外加实验。

在此分享一些我在大学里看到过的笔记记录形式。

课堂上

电脑

电脑是学校生活中必不可少的设备。你可以选择最经典的 word 文档来记笔记，也可以使用各种电脑笔记软件（例如，OneNote 和印象笔记）。

优点：不浪费纸，环保，可即时搜索资料，方便保存和分享。大多数老师也会把信息上传到类似 Canvas 和 Blackboard 的学习网站，用电脑下载和完成作业也相对方便。

缺点：自由度不高，绘图和列表格不方便。

手写

"好记性不如烂笔头。"

优点：有助于加深印象，自由度更高，会让自己更加专注于课堂。

缺点：速度慢，占地方，不易检索，不方便分享。

PPT 和讲义

大部分教授上课都会使用PPT，但是否把PPT上传分享给学生就因人而异了。如果你有机会在课前拿到PPT或讲义的话，建议把它们打印出来（4个slides一面）用来记笔记，你会发现思路清晰很多，效率也很高。

优点：省下很多去记录老师已经提供的信息的时间，也可以帮助我们在预习时留下痕迹，以便上课时根据预习产生的疑惑提出问题。

缺点：会给学生造成“我可以自学，我已经有了课堂学习内容所以不用认真听讲”的错觉。这也是很多不提供PPT的教授的顾虑！

iPad 和其他平板产品

iPad和其他平板产品更好地结合了手写和电子记录的优点，但也有不尽人意的地方。比如，还需要配置平板书写用笔，虚拟键盘太小不方便打字，受屏幕尺寸和敏感度限制等。

优点：提高效率，自由度高。

缺点：要求使用者对平板产品有较好的操作能力。

课后作业

↑放学路上↑

Peer review

Peer review 是同伴之间的评估，一般是对小组项目或者文章类作业进行评价。教授很喜欢用 peer review，因为这样不仅可以让他们真实地了解小组各个成员的实际“劳动量”，还可以督促学生积极参与小组项目。

对于国际生来说，不要害怕评价别人，即使用最简单的语言给出鼓励或者建议也都是可以的。美国学生大部分都会特别友好地接受，也不会在意我们的语法奇怪。只要做到单词别写错就好啦。

Online 作业

有些课程的教材会有相应的 access code（验证码），用于在网上购买类似课件的网页课程。老师会在网页上发布作业题或测试题。学生平时在家里直接登录账户就可以在网上完成作业，老师也会在网上评分，非常高效。

Access code 除了在购买教材时会随书附带，也可以直接在相应的课件官网购买。只有新书才有未使用过的 code。若买二手书或租书加上网上直接购买 code 的价钱低于买带有 code 的新书的价钱，就可以选择在网上直接购买 code。

租书

美国的教材真的非常贵：一本书就要上百美元，便宜的也要几十美元。每学期的第一堂课上，老师会告诉大家所需教材，你也可以自己在大纲上确认。在确定好所需教材之后，可以去学校书店找一找，一般可以选择买或者租；也可以上网租书，网上有很多可用的租书网站。但是还书的时候一定要好好包装！最好保留当时寄过来时的原装盒子。邮寄过程中造成的书的破损是要我们自己负责的！有一次我包装失误，书寄到后有破损，被罚了300美元！真的伤不起……

Essay类

Essay类也就是写文章类的作业，往往是留学生最希望回避的。一般essay类（除了英语写作课外）主要分为reflection paper和book report两种。Reflection paper是指你自己经历过一些事情、看过一些内容后，表达一下你自己的观点。它可以是去一次音乐会的感受，自己对于未来的目标和想法，上完几堂课后对课堂内容的反馈，或者对某一个话题的个人见解。相较于reflection paper的比较以自我感受为中心，book report则偏向读后感，它需要结合书中的具体内容来支持自己的观点。这项作业更加考验学生的阅读能力和分析能力。

In class quiz（随堂测验）

一般老师会在课前布置一些文本阅读或是要求对之前所讲内容进行复习，然后在上课时进行随堂测试。一般只有4~5道题，题目形式比较灵活，包括选择题、问答题、判断正误等。在开学初要自己看清syllabus上标注的quiz日期，在课前做好准备。

Pop quiz是突击测试哦~

Field trip（实地考察）

~嘟嘟~

Field trip

以我参与的field trip为例：艺术历史课是去参观一个博物馆，然后写一个报告；犯罪社会学课是去法院听案件，观察周围，然后写一个报告；社会学里的Death and Dying课是去墓地和火葬场……

殡仪馆选棺材の房间

殡仪馆等候区

入口

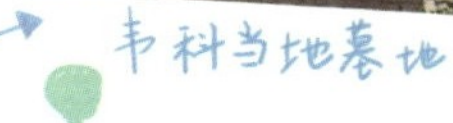

韦科当地墓地

Providence医院生产中心参观

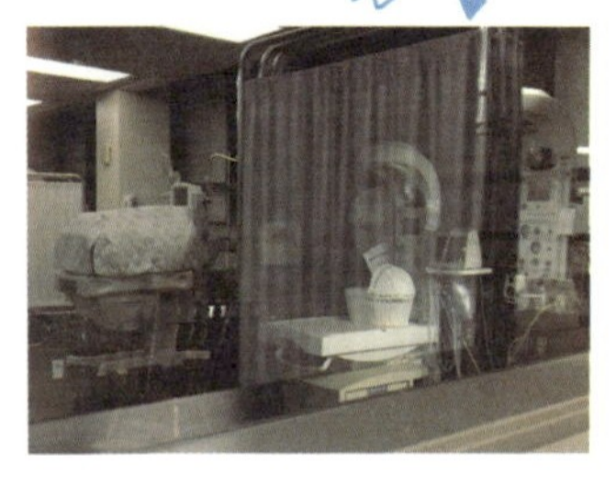

清理所用の工具

Presentation

美国的课堂特别注重公共演讲，因此大部分课都会有至少一次演讲，如果上公共演讲课那就更多啦。大一一般演讲两分钟即可，但是等到了大二、大三及以后，很多演讲就是5分钟起。正是这样的锻炼，造就了学生在公共场合演讲时无畏的精神与强大的心理素质，就算讲错也可以顺带讲个笑话一起哈哈笑而带过。

Lab report（实验报告）

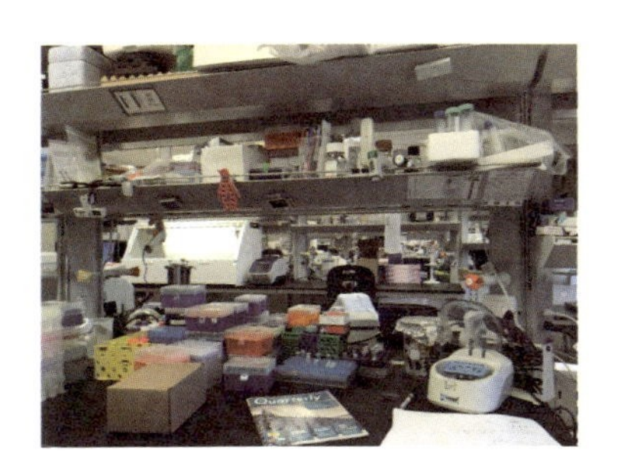

一般在实验结束后的一天或两天内需要上交lab report，包括实验过程、实验现象和实验结果。总的来说，就是对整个实验的评估分析。要如实描述实验过程，注意实验数据等细节。

学习经验

刚入学时，可能会苦于上课跟不上老师的节奏，课堂内容听得半懂不懂，遇到这种情况不必惊慌或烦恼，因为大家都有过这样的时期！这时就需要虚心学习，下载课堂资料，课后多多自学。有能力的话可以尝试在课前预习，这样至少对即将学习的课程内容有所了解，有助于在课堂上跟紧老师的步伐。有PPT的课要事先打印好PPT，可以在打印好的PPT上跟着老师的讲解做笔记。必要时主动与老师沟通，老师都会乐于提供帮助、提出建议。

期中、期末考试季

每门课程的测试次数和日期都不太一样，但期中考试和期末考试的时间基本集中在同一时段（一两周内）。遇到多门考试时就需要事先规划复习日程啦。一般考试前一两周教授会给学生发一份review sheet，一个规划考试内容、引导复习方向的介绍，一定要仔细看。不过有的教授也会很神奇地给出10+的复习纸，那种情况就只能自求多福了。

学习室预约

美国校园里除了会给学生提供学习所用的图书馆独立间自习室，还有公共自习室①。也有一些稍微大一点的学习室是用来做小组讨论或小组会议的。有些自习室不需要预约，直接过去，只要没人就可以用，如果有人则可以等候，也可以在公共自习室进行小组讨论。而需要预约的自习室一般有投影仪和白板等，要在官网上或打电话预约。共享小组自习室可预约时间一般为1小时，若后面没有人就可以续约，有人的话可能就要离开啦。

① 可讨论说话的公共大区域，有很多桌子，学生可以随便坐。

GPA相当于国内的绩点，是美国大学衡量学生综合成绩的主要手段。GPA分为总GPA、专业GPA和学院GPA。① 学校的GPA采用4.0制，每门课的成绩分为A、A-、B+、B、B-、C+、C、C-、D+、D、D-、F，各对应一个GPA数字，例如，A对应4.0，A-对应3.7，B+对应3.3，B对应3……从此类推。② 把各门课程成绩对应的数字全部相加，再除以各门课程对应的学分的总和，就会得到GPA啦。③

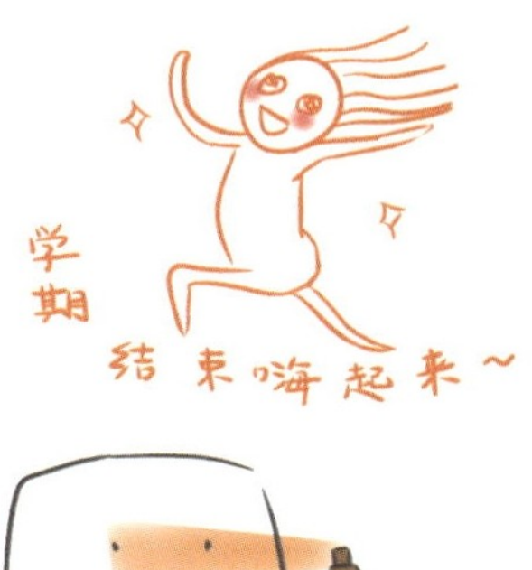

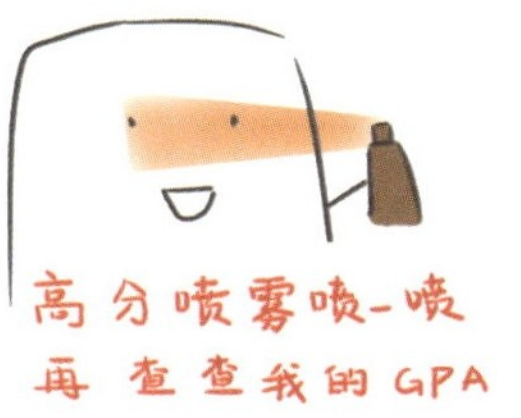

一般3.0以上为及格，3.4以上为优秀，3.7以上为非常优秀。当然，如果平均GPA在2.0以下，也就是大部分科目成绩是C或者C-，很不幸，你将会收到学校的劝退通知，因为GPA2.0以下，学校会认为你没有认真学习或是认为你无法完成大学课业。很多专业要求必须GPA2.0以上才能顺利毕业，拿到毕业证书。另外如果你想要本科毕业后申请读研，一般学校对本科GPA最低要求是3.0，也有学校会对专业要求更高一些，比如3.4+。

①美国大学生前两年都会上一些文学、科学（如数理）类的选修课或不同学院的必修课，到大三、大四才进入正式专业课程学习。总GPA是在学校上过的所有课程的综合成绩，学院GPA是在自己所属学院（例如，商学院、法学院等）中所学课程的综合成绩，专业GPA是你所学专业课程的综合成绩。

②每一档相差3.33333。此处做了四舍五入。

③一般大家不会自己类推成绩对应的GPA数字，都是去网上找GPA Calculator（成绩计算器），然后输入成绩算GPA的。

兼职

在校兼职不仅可以收获许多宝贵的工作经验，还可以挣些零花钱，认识很多有趣的朋友。我基于这样的想法，申请了学校提供的在校兼职，或许大家和我想法一样，导致岗位竞争非常激烈。

我工作的地方叫"Ticket Office"，卖球票、音乐会以及其他表演活动的门票，也会帮同学们解决一些买不到票的"疑难问题"。兼职期间，由于我的英语不够好，常常会闹些笑话。记得有一次，一个韩国的同学想要买30张票，而我听成了13张。当我把打印好的票认真地数清楚，一脸真诚地说"这是您的13张票，祝您一天愉快"后，韩国同学站着不动，我才开始意识到自己听错了。于是很抱歉地给他印了剩下的17张。

办公室除了我之外，还有两个美国学生，一般不忙的时候我就会和她们聊学习，聊生活。她们非常友好而且乐于助人，除了传授我工作经验之外，还会教我英语，因此自打兼职后我的口语也着实提高了不少。更感恩的是，办公室允许写作业，不忙的时候我们就会看书。

卖票属于服务行业，一开始我也会抱怨为什么拿着最低的工资还总要遇见脾气不好、没有耐心的顾客，但工作时间长了就会更理解顾客，学会换位思考，急他们之所急，也少了许多抱怨。如果你有在学校兼职的想法，建议除了练好口语外，还要学会与人沟通。

兼职虽不能挣到很多钱还很辛苦，但却能获得难能可贵的经历，认识许多可爱有趣的外国朋友，不仅能够练习口语交流，还可以了解当地文化。

校内 student worker

刚到美国的第一学期和第二学期，学业并没有很紧张。想着为自己赚些零用钱，于是我在学校的Student Employment官网申请了一份校食堂的兼职。很快就收到了邮件，询问我可行的电话面试时间。到了电话面试那天，我紧张极了，毕竟当时口语很一般，也从来没有电话面试过，平时打电话交流就够我头疼了！负责人如约打来电话，先是确认了我的个人信息，然后开始问一些关于我的性格、工作态度的问题。例如，“你是喜欢团队合作还是自己工作？”“你为什么要申请这份工作？”……前几个问题还算顺利，接着，对方飞快地问了一个我听不懂的问题，我迟疑了两秒后，满头大汗，情急之下说了一些自己的优点，诸如吃苦耐劳、学习新知识很快等。对方沉默了两秒就继续问别的问题了。挂了电话觉得自己应该没通过，没想到第二天竟收到面试通过的通知，从此开始了我的兼职生涯。

努力赚钱，养活自己!!!

校食堂的学生兼职工作很容易，基本上是长时间地站在柜台后，在食物被拿光时及时补上新的，还有日常清洁等简单工作。两周后第一次领到工资的我也收获了满满的成就感！这份兼职我并没有做太久，当时恰逢期末，迫于各种复习压力，我实在分身乏术，不久便辞职了。但这次的经历让我实实在在体验到了自己赚钱的快乐和花钱时的理直气壮，坚定了以后一定要靠自己的能力养活自己的决心！！

校园竞赛

本科过去两年多的时间里，我参加过大大小小13次校内外的商业竞赛，因此，许多学弟、学妹向我取经。

我参加的第一场比赛是在大一上学期的一门商业课上。进入大学的时候，我的预想专业是社会学，之所以会选那门商业课纯粹是因为介绍有趣，并没有做别的更多了解。结果上课的第一天发现170人的班级，我是唯一一个新生（freshman）。跟我上过的很多课不同的是，这门课的期末考试是以竞赛的形式进行：学生两两一组“成立”并且营销自己的公司，只有比赛成绩前三名的组可以拿到“A”。考试时我和一个白人小姐姐被分到了一组。作为唯一一个新生，从来没做过case competition，85个组只有前三名可以拿“A”。当时的第一反应就是我完了……

瑟瑟发抖……

感觉药丸了……

幸运的是，和我一组的白人小姐姐很有经验，参加过很多类似的竞赛，提出了很棒的大体方向。而作为一个“商业小白”，我能做的贡献就是完善细节、做调查、补充数据，每一页PPT都要花将近1个小时的时间制作。最终present之前，我写了长长一篇稿子反复背诵，紧张得手心冒汗，但是我的队友却很从容，上去直接freestyle（即兴演讲）。

最终，我们的presentation意外地获得了第三名。而这个比赛也成为我向往商学院的一个转折点。

为了可以进入商学院，我不停地参加商业竞赛，比赛过程的关键词大同小异——咖啡，熬夜，困惑，争吵，妥协，朋友。每一场比赛都使我和之前不熟的人变成了好朋友。比赛越多，自信越强。从一开始反复背稿子，到逐渐脱稿，到开始即兴演讲；从开始只能点头附和到后来可以引领讨论。

印象最深的是大二上学期参加的KPMG商业竞赛，我和3个中国小伙伴一组。当时的比赛是只提供48个小时，需要读完15页的材料，想出策略并且完成PPT设计。那两天我们几乎睡在图书馆，满屋子的咖啡味道，经常做着做着就开始跑题，变成边聊人生边做PPT。到现在都忘不了我们四个在吃火锅的时候，收到进入最后一轮的消息时面面相觑的场景。那天晚上，我们对着之前上交的PPT做了一个艰难的决定——推翻重做。最终present的时候，面对评委我突然大脑空白，所有背好的内容全部在脑子里消失不见，心里慌得很，没办法只能从头到尾即兴演讲，两分多钟的演讲内容没有一点是准备好的。当最后被告知我们得了第一名的时候，我整个人都愣住了，然后开始不顾旁人地兴奋大叫。

参加的比赛越多，对结果也就越看淡。在比赛中学习、认识朋友、积攒经验比名次来得重要得多。现在想想，很是感谢当时拼命的自己。虽然过去这么久已经不记得很多比赛的细节，但是正是这些比赛积累下来的经验让我无论遇到什么样的机会都会说：“我试试，说不定行”。

兄弟会/姐妹会和本科

兄弟会/姐妹会

Fraternities/Sororities

由同性别的学生组成的特别的社团，分学术类（professional）与社交类（social）。

入会流程

Rush：想获得入会面试机会，一般要参加兄弟会/姐妹会举办的rush以表示诚意。

Bid：结束rush之后，兄弟会/姐妹会将选择有潜力的成员，邀请他们入会。

Pledge：类似试用期，通过pledge期之后才可以正式成为兄弟会/姐妹会的一员。

兄弟会的节目表演

医学生荣誉学生会

我的姐妹会全名叫Pi Beta Phi，建立于1867年，是一个全国性的姐妹会。姐妹会在美国南部特别盛行，很多美国女生都会花一年甚至更长的时间来准备进入姐妹会。

在南部，姐妹会的招新叫rush。我们学校的rush定在每年的一月份。每年刚过西方的新年，姐妹会成员和即将参加rush的女生们都会提早一个星期回到学校。Rush共持续一周，每一次rush周都会有不同的主题，也有不同的服装要求。Rush周对于我来说是压力最大但也最难忘的一周。每一天我们都要和来参加rush的女生对话，寻找我们理想中的下一届姐妹会成员，同时也要将姐妹会最好的一面展现给她们。因为姐妹会有不向外透露姐妹会内部细节的传统，所以关于rush的具体事情我无法描述，只能大家具体去体验了。

我参加的那一届rush，有1300多个女生参加，到最后只有113个女生收到了Pi Beta Phi的邀请函，也就是bid。到了Bid Day，每个姐妹会都有盛大的庆祝派对，疯狂的rush就结束了。

最初我选择加入姐妹会的原因仅仅是想体验一下最纯粹的美国大学文化，姐妹会的确给了我一个非常好的机会。一开始确实是有文化差异，但是相处久了以后真的有一家人的感觉。姐妹会里的好朋友将会是我珍惜一辈子的朋友。

刚来到美国读大学时，为了尽快适应在美国的生活，想切身感受下兄弟会/姐妹会与国内社团的不同，大一下学期我选择加入了一个商科兄弟会。这是一个偏学术类型的兄弟会，每个学期都会进行3~4次的专业性的学术演讲及讨论，人数在100人左右。

The O
Frate
and So

想要进入这个兄弟会，需要经过必要的两步。

第一步：Rush。兄弟会每个学期都会用两个星期来安排迎新活动，比如，半正式晚会（semi-formal）、志愿者活动、露天活动等。每次活动，其他成员都会细心观察潜在新成员（potential new members）的点滴表现并在最后总结投票，全票通过的新成员才被允许进入下一个步骤。一般来说，rush会持续一个月之久。接下来兄弟会会发出邀请函邀请你参加胸针典礼（pin ceremony），这样就能正式成为pledging的一员啦。

记得我第一次rush的时候，实在是太内向了，不太愿意和大家交流，但是却很喜欢里面的每一个成员，虽然最终还是被拒绝了，不过我也没有因此而放弃加入他们。第二年我继续参加rush，这一次比之前一次更加自信，更加明确了自己的目标，也因此顺利通过了rush，和同班的20个人一起进入了为时一个月的pledging。

第二步：Pledging。不同的兄弟会，具体过程可能不一样，有些是笔试，有些是参加各种活动，而我们是两者结合。pledging的时候，有属于自己的big（相当于一个哥哥的角色），他会带领你、照顾和帮助你。

大二上学期，我正式成为了兄弟会的一员。兄弟会有很多的聚会和社交活动，也会一起学习，互相帮助。进兄弟会不仅能扩大自己的社交圈，在以后找工作实习的时候，你的兄弟们还可能会对你伸出援手，说不定能在你的梦想公司给你做一个推荐。

本科医学生荣誉学生会
（Alpha Epsilon Delta，简称AED）

AED是全美最大的本科医学生荣誉学生会，是一个为准备上医学院的本科生提供的交流和学习平台。它是偏向于学术性的组织，同时也扩大了学生的社交范围。

AED入会需要的基本条件有：GPA3.5，修有45学分，对生物和医学有浓厚兴趣。被选中的候选人会收到通知，进行40~50分钟的面试。最后会从200人中选出约50名新会员。在一个学期内，新会员需要参加AED的所有活动并通过最后的pledge考试即可成为正式会员。

AED规模小，实力强，就算是新会员也可能得到领导层的职位以充分锻炼自己的能力。

AED和Baylor的pre-health（健康预科）办公室有非常密切的联系，共同在每年春季举行Pre-Health Day。届时会邀请得州所有医学院以及其他学校代表。AED会员也会有比其他人更多的机会去接触医学院的招生办。

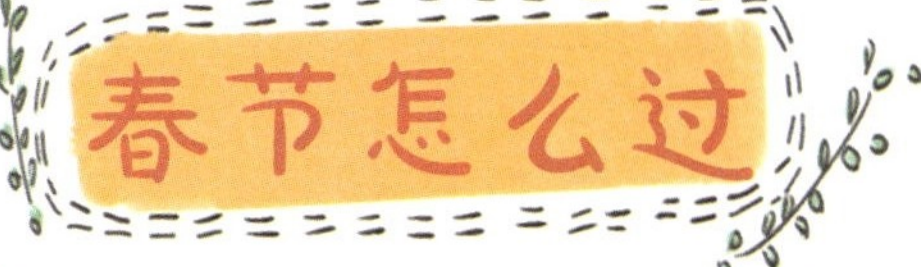

鸡年画只鸡~

包饺子

我会和伙伴们一起包饺子，看春晚。很多学校的中国学生会也会组织庆祝活动，有特长的同学可以联系学生会报名参加表演。有些小伙伴也会“进城”去亚洲超市囤一些货，自制年夜饭。为了能尝到家乡的味道，很多留学生几年下来都成了大厨。

使出童子功！写福字 写春联

学生会春晚节目单

志愿者

美国大学的志愿者活动非常丰富，大家的参与度也很高。大一、大二的同学没有专业基础，较难有实习的可能，这个时候，参加志愿者活动不仅可以了解自己未来想要工作的领域，也是一个培养爱心和责任感的机会。很多机构都给本科生提供做志愿者的机会。医疗健康类的志愿者比较多，如医院、养老院、小诊所和各类健康服务组织。一些商业活动需要人手的话也会招募志愿者。

韦科市政府

我曾在韦科（Waco）的流浪动物中心做过志愿者。在申请前，先要搜索本地需要志愿者的机构和相关活动。

在动物中心的官网上很容易就能找到志愿者申请的相关流程。

志愿者证

第一步，填写申请表，包括个人信息、申请原因等简单问题。

第二步，在网上观看一段半小时的培训介绍视频，视频里，负责人会对机构进行简单介绍。

第三步，前往动物中心参加志愿者培训，由工作人员面对面地讲解日常工作和职责。

完成简单的三步后就可以使用自己的工号去动物中心随时进行志愿者工作啦。

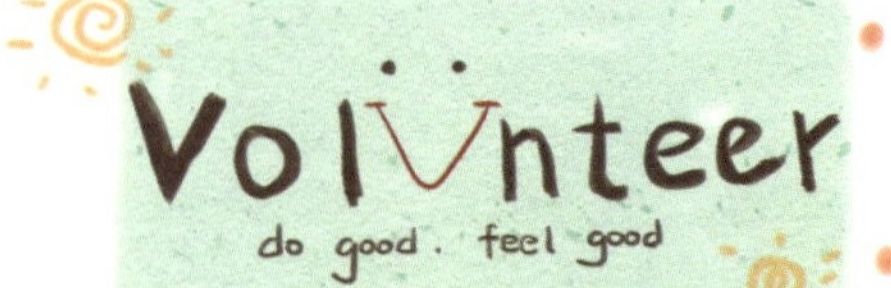

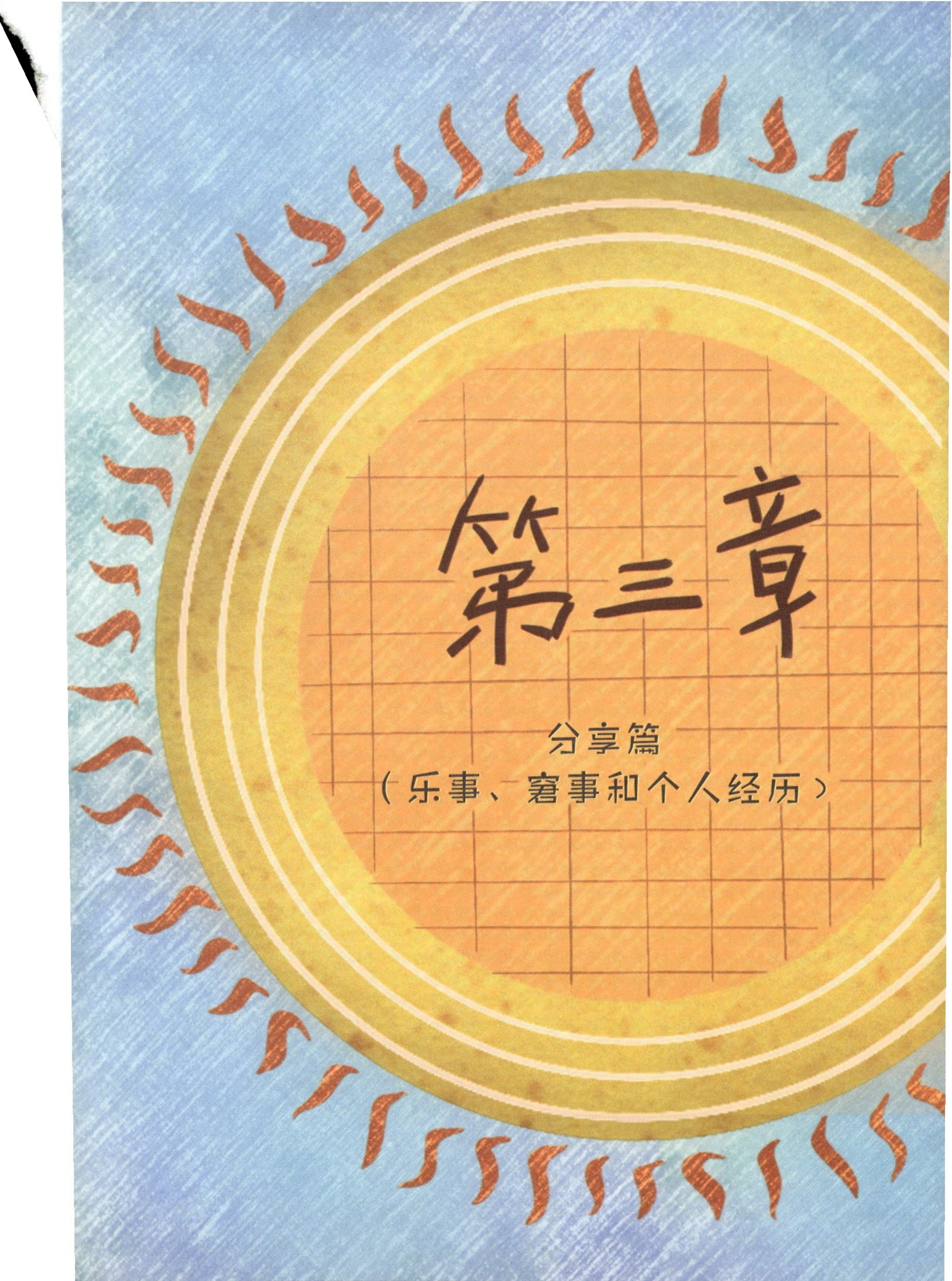
第三章
分享篇
（乐事、窘事和个人经历）

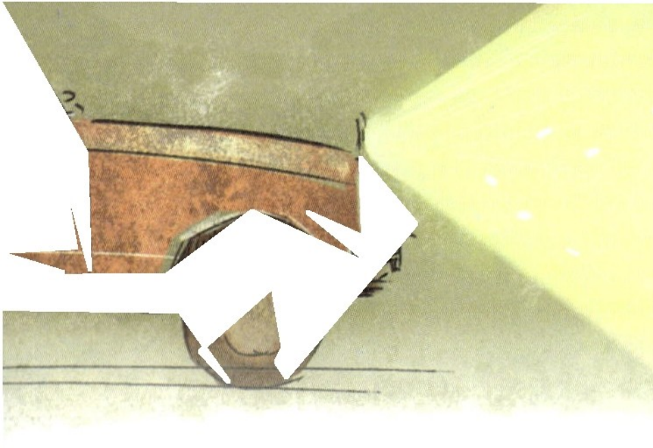

pull over①

我第一次被警察要求靠边停车（pull over）是在迈阿密。那个寒假和几个朋友一起自驾游从芝加哥到基韦斯特（key West），路过迈阿密的时候有超多警察。我在高速上想要超车，因为车有点多就开始左右来回变道，却发现后面警车闪着警灯追过来了。我赶紧把车停靠在右边的空地上，脑子里开始闪现被关小黑屋的画面。

oh... NO!!!!

Pull over的时候千万要记住把车停靠在右边空地上，一定要坐在车里，双手放在方向盘上等待警察，因为下车会被认为要袭击警察。

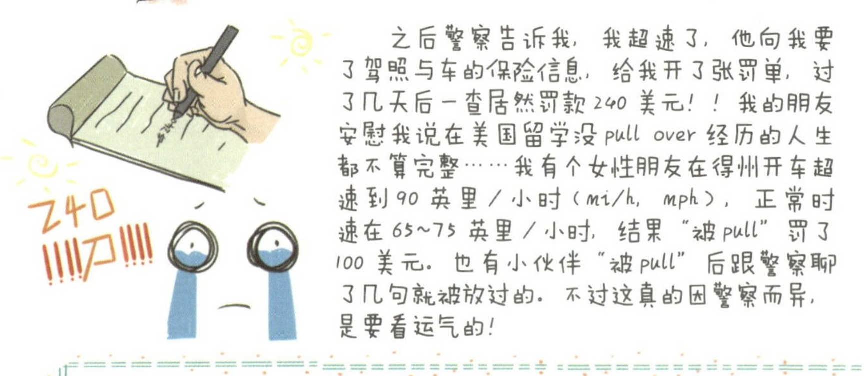

之后警察告诉我，我超速了，他向我要了驾照与车的保险信息，给我开了张罚单，过了几天后一查居然罚款240美元！！我的朋友安慰我说在美国留学没pull over经历的人生都不算完整……我有个女性朋友在得州开车超速到90英里/小时（mi/h，mph），正常时速在65~75英里/小时，结果“被pull”罚了100美元。也有小伙伴“被pull”后跟警察聊了几句就被放过的。不过这真的因警察而异，是要看运气的！

---

① Pull over是美国常用语，指在驾驶员超速或者违法时，警车亮警灯跟随其后，驾驶员此时必须靠右在路边停车，等警察上前询问。

我第一次被pull是在小区门口的停车场。出停车场进入主道的时候需要停一下再开，那天因为着急去接朋友，所以我没有停稳就直接开了出去，自己还没有意识到犯了错。刚转过第一个路口，就被一辆闪灯的警车一路跟着。因为我那时刚拿到驾照，从没遇到过这样的情况，外加我没觉得自己做错什么，所以就默认警车不是在跟我。大概开了一百多米又通过一个亮绿灯的路口我都没有停下，直到第一次变道后发现警车也跟着变了道，

还鸣起了笛，我才意识到事情的严重性，赶紧找路边停车。当时心跳绝对有120，手心冒汗，车里就我一人……快速回忆了一下之前看过新闻里提到被pull over后要做的事情，准备好保险和驾照，拉好手刹并把车窗摇下来，两手放在方向盘上。之后警察哥哥就从后面握枪走了过来，很严肃地问我为什么刚才没有停车。我赶紧解释我不知道警车跟的是我，我最近才拿到驾照。顺便说一句，当时我还只穿了睡衣（侧面烘托我当时出门到底有多着急……）。警察哥哥听完我最近刚拿到驾照，又看我还穿着睡衣就笑了，然后问我要了驾照查看了一下，说："原来是这样，下次你要停啊，不然会让我们很紧张的。"看到他笑了，我心里的大石头终于落地了。连忙回答道："是是是，下次我一定注意。"再之后他看了我的保险，又告诉我为什么他们会亮灯跟着我。后来给了我一个警告就把我放走了。

借宿

我曾因学校的暑期国外交流学习项目到访英国伦敦一个月。带队教授一位是研究生导师，另一位是我们的系主任。虽然我经常不能理解美国同学的笑点，但和教授以及小伙伴们一起时总是很开心，觉得他们很幽默。

然而这次出行并不都是好笑的，在英国发生了一件让我感到害怕的事情。其中有一周是自由活动时间，我们组里6人前往威尔士（Wales，英国大不列颠岛西南部地区），要在那里过夜。谁知他们居然没有提前预订旅馆，到了Wales才开始找！当时接近7点，天渐渐黑下来。来回走了几个旅馆，队友觉得大旅馆费用偏高，斟酌半天最后定下了一个小旅馆，居然是一个大房间，里面摆着30个床位，一人一张小床，男女都有。一刷卡进门，看到一个中年男子，打着呼噜憨头大睡，满左臂的纹身。电影里的某些情节瞬间就在我脑海里冒泡。我对站在我右边的美国女生说："嘘，小声点，他如果醒来我们就赶紧趴下。"她问我为什么，我回答说："那人纹身很恐怖。"因为纹身，她们笑了我两天。

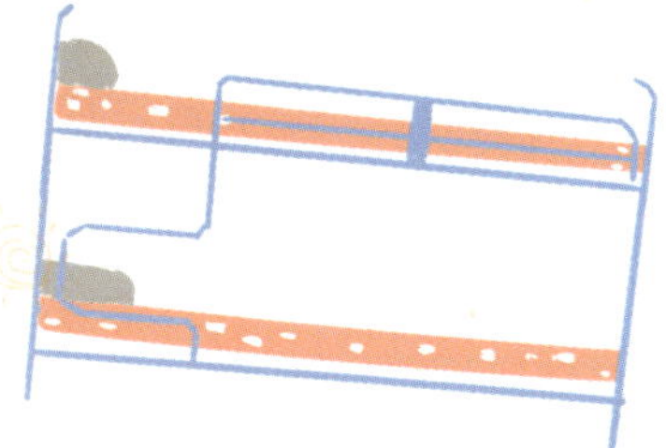

当时我们三个女生睡的是双层铺，她们担心我害怕让我睡在顶铺。夜里我平均两小时醒来一次，看看我下铺的她们，然后观察周围的陌生人，一切无恙，继续入眠。终于熬过了这样一晚，心才落地。

税和标价

刚到美国买东西时总喜欢把所有东西都乘7，于是觉得一切都很贵！后来逐渐适应了就会形成以美金为单位的价格衡量标准，刚回国时看到人民币标价的东西就默默除以7，然后觉得一切都很便宜……

除了汇率，税率也是一个非常让人头疼的东西。美国各州税率都不同，一般7%~10%+不等。无论是实体店还是网购，所有商品的标价都是不含税的。往往在结账的最后一步才会显示含税的价格。实体店的含税价格会直接出现在刷卡机上，根据当地的税率而定；网店的税率由你的邮寄地址所在州的税率而定。美国商品的标价都包括小数点后两位（标价不是整数），$9.99 之类的标价很常见，不过结账的时候就是十几美元啦。

911是"emergency call only"，是紧急情况下呼叫的号码，可用于如火警援救（Fire and Rescue）、警察/警官/高速公路巡察（Police or Sheriff Highway Patrol）、救护/紧急医疗和空降救护（Ambulance Emergency medical or Paramedics）等。当拨打911陈述紧急情况时，你的电话号码将自动显示在公共安全控制中心的屏幕上。

help

常用紧急电话

- 查号台411；
- 中国驻美国大使馆（202）495-2266。

留学生遭遇诈骗仿号911

一天下午，我接到了一通电话，听口音像是印度人，自称是州政府警察局的，说我触犯了跟fraud（欺诈）有关的法律，并且把我的中文名说得很准确。说我研究生毕业后没有交9850美金的education tax（教育税），我有两个选择：要么马上补交，要么就给我记上犯罪记录，警察会逮捕我并将我送上法庭。

刚开始听了之后确实怕怕的，但还是用理智做出判断——我觉得这是诈骗，于是把电话挂断了。我并没有听说过任何一个中国朋友交过这个费用，所以肯定是个骗子。没过1分钟，来了第二通电话——“911”打来的。一个美国人的声音出现了，他说：“你刚才故意挂断了一个州政府警察局的电话！现在警察出发去你家逮捕你！”我就真的吓尿了……马上道歉说“刚刚是不小心挂断的，不要逮捕我……”之后，他说“We are going to give you last chance（我们给你最后一个机会）”，会让“州政府”再给我打一遍电话。本来特别自信的我，接完这个电话之后理性头脑被成功麻痹了。这时候来了第三通电话，又是刚才的“印度哥”，我一通道歉，他接着说，现在可以先交一部分钱证明我的信用，可以通过信用卡或者买voucher来交钱。Voucher我不知道是什么，但是要到附近的便利商店去买。正当我差点把私人信息泄露出去的时候，我男朋友及时赶到了。他大概了解了下情况后，就接过电话问能不能再把交钱的原因说一遍，并且问了他的工作证件号码，后来电话的信号就变得很不好，对方直接挂掉了电话。当被质问要工作证件号码的时候，对方找各种理由让我接电话，说这件事只和我有关，外人不得参与。

这三通都是诈骗电话，后来我们又给真的911打过去叙述了事情经过，警察说这个就是比较常见的电话诈骗。虽然是场骗局，但是短短的20分钟，惊慌、恐惧、无措、远离家乡的无助奔涌而至，我感觉在经历“世界末日”！

下面我把自己的心得分享给大家，愿大家出门在外能多一分戒备和冷静。

（1）真正的警察抓人，不会提前打电话通知；即使要来，闯入家中也需要证明与根据。

（2）真正的911是没有"+1"的，亲自用手机拨打911会更可信。大家收到来电的时候要看清楚电话号码，不认识的电话最好不要接。

（3）遇到紧急情况不要慌张，沉着冷静。

（4）平时要遵纪守法。

（5）美国国家税务局IRS（Internal Revenue Service）会处理诈骗相关事宜，如果偷税漏税的话也应该会通过邮件的形式先行通知。IRS官网上有关于网络/电信诈骗的途径和举报措施。

（6）如果接到这类不知道是真是假的电话，不要着急回应，想办法拖延时间。我男朋友提出的一个好办法就是告诉对方："我现在在开车不方便说话，等下给你打回去。"因为真正的"警察叔叔"是不会让你边开车边接电话的！

（7）建议大家接电话时如发现疑点就直接录音，可以用来收集证据，以备不时之需。

（8）如果被警察质问或者开车时被pull，我们都是有权利问他们的工作证件号码的！

异国他乡，稍不注意也许就会触犯了当地的法律，所以做任何事情都不能大意。希望通过我这次的经历让大家更能够认清骗局，避免受到伤害和不必要的损失。

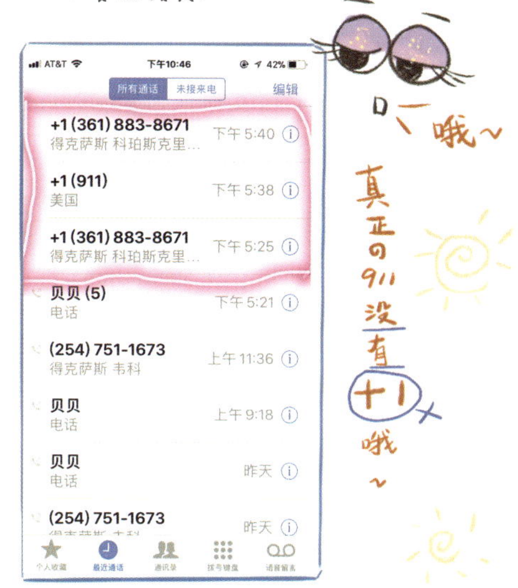

前段时间，我忙着搬家找房子。在网上搜到了一家既便宜又漂亮的公寓，各方面条件都非常符合预期，就发了邮件过去。

邮件往来中得知房主是一对中年医生夫妇，因为参加一个叫HRSA的项目需要全球各地跑来跑去。公寓是他们之前买下来的，已经精心装修过了，千叮咛万嘱咐一定要照顾好他们的家具，并且发来了照片，老两口看起来慈祥可爱。

一切谈妥之后对方要求我用Wal-Mart to Wal-Mart transfer（沃尔玛提供的一种远距离汇款，钱发出去很快就会结束交易，仅凭驾照就可以在沃尔玛领取现金）把押金转给他们，之后他们寄给我合同和钥匙。我转了钱。

结果过了两天对方又说，按照律师的建议我应该付好前两个月的房租，我觉得有些奇怪了，但也在情理之中。于是提出先看一看合同再付钱。对方很快发来了合同的电子版，我过了一遍觉得没什么问题，又去沃尔玛转了钱。期间还试图上网搜一下房主的个人信息，但同名的太多，并没有找到。

没几天对方就发给了我钥匙和合同的快递单号。我查了一下，发现是一个我从没听过的快递网站，但确实能看到对应的物流信息，就没想太多，在家坐等钥匙寄过来。

沉寂了三天后，对方忽然发来邮件说包裹被海关扣押，需要交1800刀的税费，如果我不信的话可以自己去物流网站上查。网站上确实也是这么显示的。我顿时心生凉意，觉得事情可能不太对。寄的又不是金子，几页纸一个钥匙会被税

1800 刀？再说美国境内的邮包为什么要过海关？为什么不用正规的 ups 寄给我？为什么这个网站连税费的具体金额都标注在物流信息上？

但我还是怀抱着一丝希望，回复邮件说我不会付钱，这个责任不该由我来付。对方很快回信说，之前使用这家快递公司也被税过，实在不好意思，希望我可以出一部分的钱，由他来补足剩下的，这样我才能快点收到钥匙。

我的心彻底凉透了，看来百分之九十九我是被骗了。还是装作据理力争的样子回了邮件说我不会付钱，可以把邮包召回使用别的快递公司重寄，我有足够的时间等邮包寄到。对方再也不回信息了。

回完邮件我赶紧上网查了一下这个快递网站的评价，发现很多关于针对该网站的诈骗举报，网站的信用甚至只有 12/100。这些信息加在一起大概就是传说中的实锤了……

懵了几分钟之后我愤怒地接受了自己被骗的事实。立刻给银行打了电话，但转账已经完成，需要警方证明才能采取措施。到沃尔玛网站查询两次转账的单号却显示两笔转账都不存在。

接着又立刻出门去了学校的警局，听我讲完情况以后校警说要我立刻停止发送任何个人信息也不要再转账给对方，马上去当地的警察局报警。

在去警局的路上，心里五味杂陈。整个过程中其实也不是没有怀疑过，但习惯于把事情往好处想的心态和怕麻烦的心理总是会压过心里那个质疑的声音。

最后我的钱并没有找回来，由于是远距离案件，警察也没能顺利地定位和找到对方。希望大家耐心读完我的故事以后可以在以后的日子里提高警惕，引以为戒，警钟长鸣。

Health

看医生

在美国看医生是很贵的，没有保险真的看不起医生……有一次朋友被自家刚领养的猫咪咬伤了，半夜我陪她去医院挂急诊。急诊室前台确认了个人信息、保险信息和紧急联络人等基础信息后，给她带上了纸质手环，手环上标注了刚刚采集的病人信息。我们坐在一边等了几分钟后就有护士过来喊名字。进入诊疗室后先是让她指认疼痛级别（分为1~10级），测血压，量体温，确认伤势和症状，记录个人体重、身高、过敏史，接着被带到另一间正式的病房内，里面有单人病床和各种医疗器械……医生进来观察了伤势，问了一些具体的情况。因为只是被很小的猫咪咬伤，所以并没有很复杂的诊断过程。医生看我们是国际学生，怕我们不理解一些医学用语，很耐心地讲解，还主动提出把诊断单用汉语和英语打印两份（虽然到手了发现汉语版是全篇的汉语拼音……）。结账的时候我瞄了一眼账单，发现仅仅以上流程，没有用任何药物的情况下，还花费了整整500美元。学校的保险付400美元，需要自己付100美元。所以若没有紧急情况并不需要挂急诊，可以去看普通门诊，费用相对来说会便宜一些。

手环 and 一次性测血压绑带

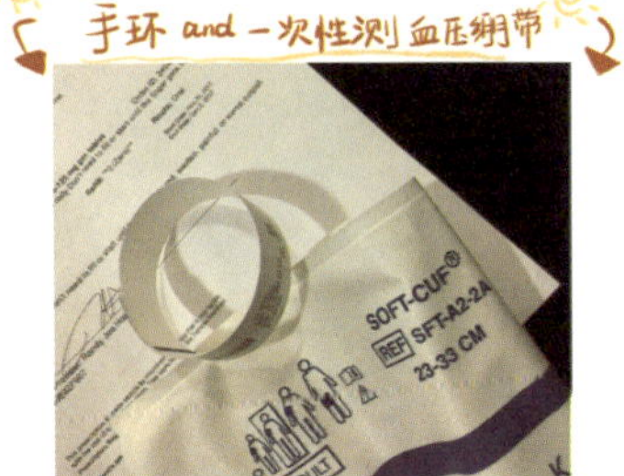

肇事的猫咪

打招呼

What's up?

相比东方文化的内敛，西方，尤其是美国南部的风土人情就截然不同了。首先，在路上或者其他公共场合与不认识的人目光接触后，双方都会比较友好地点头微笑。在校园里，即使只有一面之缘的朋友，如果对方还记得你的脸，一般也会上前来跟你打招呼。总而言之，没有熟与不熟，打招呼是非常自然而然的一件事情。

美国人打招呼的方式很“奔放”，虽然不像欧洲的贴面礼，但他们会彼此拥抱，即使是男生和女生之间，拥抱也很正常。所以刚开始朋友见面要拥抱时会有些不习惯，感觉我也没有跟你很熟啊，为什么要和你拥抱？但久而久之就非常自然了，也很习惯主动和其他人拥抱啦！美国人打招呼的方式有很多种，但唯一不会用的一种偏偏就是我们课本上学的。只要经过新世纪或者牛津英语教材熏陶过的学生，一定对“How are you?”“I'm fine, thank you, and you?”“I'm fine, thank you.”毫不陌生。没错，初来乍到的我也认为这就是美国人打招呼的方式。所以第一天搬入寝室时，当一位长相甜美的得州女孩儿热情地对我说“How are you?”的时候，我也亲切地用我自信满满的“答案”回答道：“I'm fine, thank you, and you?”。我现在都记得我们之间那长达五秒钟的停顿，尴尬中又带着喜感。后来我才发现，一般对方问你“How are you?”的时候，你也只要回一句“How are you?”就好。对美国人来说，这个问句就和我们的“你好”没什么区别。当然也有其他打招呼的方式，比如：“What's up?”“How's your day?”“Glad to see you.”等。如果你没办法习惯用相同问题去回答对方，你可以先加一句“I'm good.”或者“It's been great.”，然后再问对方“How are you?”。

如果对方真诚地想和你聊天，问“How's your life”时，你也愿意分享，那就不要简单用“It's been good”回答，加些细节，开始一段有意义的对话吧！

中式课本英语与美式交流的冲突

第一节课教授一般都会要求自我介绍。我会规规矩矩地在点到我的名字后说一句"My English name is XXX"。后来听别人的自我介绍听多了才知道自己的说法真的非常正式和尴尬，也不是说这么说不对，但是在日常，一般会表达为"I go by XXX"，意思就是平时叫我XXX就行了。有时做小组project（小组合作项目），免不了和组内成员在课下时间见面讨论，大多时候会通过短信或是聊天软件沟通，约定见面时间。比较常用的表示"这时有空"的句子是"Works for me"，意思是我这时有空或这个安排我赞同。

很多很多这种日常化的句子和表达都是课本上没有的，想适应这种日常交流没有捷径，只能是在美剧中、电影里和日常生活中逐渐接触和积累。

英语理解不足闹的笑话

有一个高中出国的朋友住在寄宿家庭，刚刚出国时还不太会照顾自己，房间总是乱七八糟。于是，住家经常友好地提醒他："You need to pick up your room（你得收拾收拾房间了）"。然而，pick up是捡起、拿起的意思，至少，我的朋友这么理解。然而住家却多次提醒，他有些犯懵，心里开始嘀咕，总是让我举起自己的房间是什么意思？有我不了解的美国风俗？于是在住家又一次提醒他时，他困惑地反驳："I cannot pick up my room! It's impossible!（我没办法把房间举起来，这根本不可能做到啊）"。

无知限制了我们的想象。

银行存钱

存钱还能用save the money，虽然并不正确（应该用deposit），但银行业务人员还能理解。可取钱用take out the money就真的太奇怪了，应该用withdraw。总之，每次去银行都要随身携带电子词典，怕有词不会说。

热水

国外没有喝热水的习惯，在餐厅吃饭，服务员最开始都会问大家想要喝什么。一般就要water，water no ice或者water with lemon，不想喝水时可以要lemonade，coffee或者tea。我记得有一次冬天去餐厅吃饭，实在太冷了想喝热水，就问服务员要了一杯"hot water"，服务员当时一脸懵。我本想着他会帮我倒一杯温热的水，没想到最后直接用玻璃杯上了一杯滚烫的热水，最关键的是，他还是徒手拿过来的，并且"面不红心不跳"，搞得我非常不好意思。

点单

刚开始对Latte、Cappuccino和Macchiato的发音不熟，每次都是手指展板的图片。最关键的是，被问要什么size（大小）的时候，直接说small，medium和large他们一下子是反应不过来的，应该说tall，grande和venti。

国内点牛排大多说几分熟，例如，喜欢吃全熟没有血丝的就是七分熟，喜欢半带血丝的就是五分熟，五分以下国内就很少有人点了。然而在美国，尤其是得州，大部分人都喜欢吃半熟的。而正确的点牛排方式并非是报数字"seven"或"five"，而是生（Raw）、一分熟（Rare）、三分熟（Medium-Rare）、五分熟（Medium）和七分熟（Medium-Well）。

"How would you like the eggs to be done?"荷包蛋是sunny side up或者fried eggs，炒蛋是scrambled eggs，溏心蛋是soft-boiled eggs。

生活细节

美国人很注重礼仪，不管是对陌生人还是对认识的人，有很多日常生活中的小细节需要注意。比如，在推门进入房间或建筑物时要回头确认4~5米内是否有人也在走向这扇门，如果有的话要为对方撑住门（谨防随手关门误伤后来者），等对方自己撑住后再进入房间或建筑物，不要一直站在那里等别人过去，会很尴尬……如果别人为你撑门了，也别忘了说谢谢，当然也不要让别人成为你的"免费服务生"。类似的例子还有很多，比如，

电梯门打开后要等里面的人全都出来了你再进去；如果靠近电梯按钮的话要友好地询问其他人想去几楼；从别人身边挤过去或是吓到别人、差点撞到别人都要记得道歉；勤说谢谢和打扰了。刚来的时候忽视了这些细节，很容易让人家觉得你不礼貌，但是犯错也是难免的，养成在生活中观察、学习的习惯就可以很快融入大环境了！

一次，我和朋友一起在美国家庭过圣诞节。人很多，吃饭是自助式的。夹好一些甜点、饼干之后，我看到前面的人都在上边加了奶油。奶油是罐装的，在美国十分常见，但我从来没有用过，更不知其运作原理。只看到人们晃一晃奶油罐，把喷口朝下，奶油就出来了。我心想，很简单，肯定不会出糗。等我走到奶油罐前，自然地摇了摇，把口朝下对准我的盘子，等着奶油喷涌而出。一秒，两秒……一片死寂。我有点急了，看着排在我后边的我不熟悉的美国面孔，我更急了，双手一起用力，试图把奶油挤出来。谁知瓶子巨硬无比，我挤了半天也毫无动静，此时在众目睽睽之下放下罐子又太过难堪。终于，慈祥的美国老爷爷实在看不下去了，拿过瓶子，按住瓶嘴处不起眼的按钮，边笑着帮我挤奶油边说："Some American things are really tricky（美国有一些东西确实很难用）"。尴尬的我带着挤过铁瓶子后疼麻了的手回到了座位上……

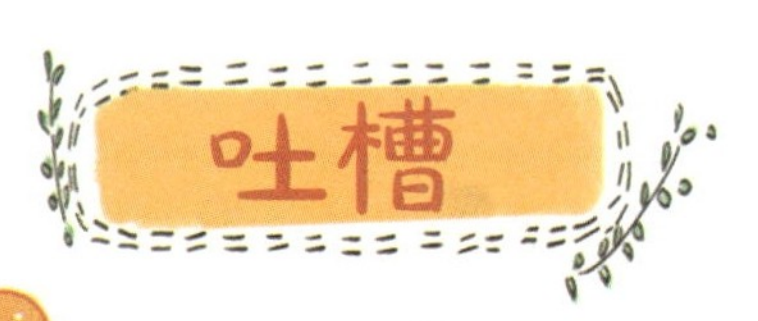

吐槽

吐槽 1

来美国以前以为美国像好莱坞大片一样，遍地高楼大厦，繁华夜景。等来了大学城以后，遭遇的却是一望无际的田野，出门没车等于没脚。

大一的时候惊讶于很多美国人洗衣服不管是内衣内裤袜子连鞋子，对，你没有听错！鞋子也扔到洗衣机里洗……初来的时候大跌眼镜！

有次我在图书馆把自己一个人关在“小黑屋”复习考试，结果图书馆警报器响了，广播里说要清场，让所有人离开。结果到了图书馆门口才发现是个演习。

得州的大学在冬天室外气温低于0℃，地上结冰或是有小雪的情况下会closed，全校关闭停课，这对寒冷的北部，雪下到膝盖却依旧要步行去上课的学生来说是可望而不可即的。

最后一点要声明的是，出勤率不达标会挂科，没有“代签到”这回事！而且所有学术论文上交的时候教授都会通过turnitin查看其原创性，检测认定为抄袭则会挂科。每学期对各科成绩也是有要求的。不止考试衡量，还有各种课后作业，在图书馆“常坐不起”时而有之。而且，达不到要求就会被劝退。美国大学校园的图书馆24小时区大有人在，特别是考试前夕。

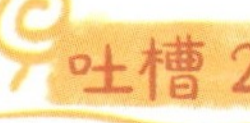

吐槽 2

来美国前想着以后可以轻松找到一切在国内也许找不到的视频、电视剧、电影的资源，还有些小激动。来到美国后才发现，虽然美剧、美国电影的资源可以轻而易举上YouTube查到，但基本都没有中文字幕，看起来也不顺心。

虽然有的电影比中国上映更早，美剧也更新得更早一些，但想要看中国各大视频网站的一部分电视剧、综艺节目、电影却变得更难了！打开一些视频会发现屏幕上显示“由于地区限制，本视频无法观看”……出国前的想法真是天真了！如果有很想看的综艺、国产电影或已完结的经典电视剧等，建议大家存在网盘里囤着，想看时可以随时下载，喜欢的、带有中文字幕的美剧也要存好。到了全英文的环境才会倍感中文的亲切。

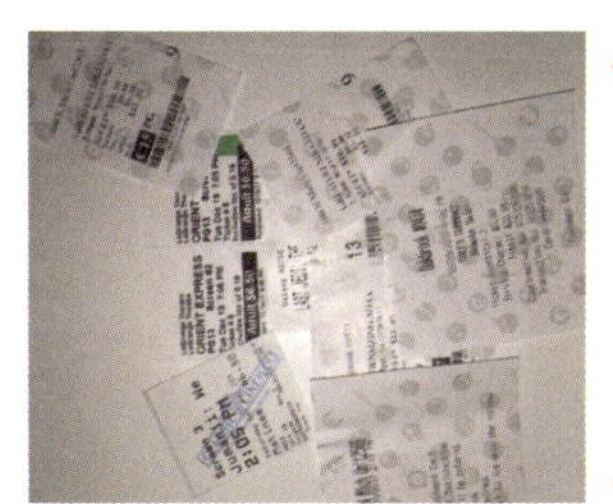

电影票

来美国之后才发现，生活中有很多非常日常的语法和句式，跟我们上课学的不！一！样！除了在生活交流中观察学习，看美剧真的是很好的学习方式。在刷了很多遍《老友记》和《摩登家庭》之后，逐渐发现自己在遇到一些情况的时候脑子里会自动出现剧中很生活化的句子或短语，发音和语调也会受到一定影响！来了美国之后去电影院会发现不仅没中文字幕，还没英文字幕……这是以前万万没有考虑到的，全程练听力。在家里看一些英文字幕的美剧也是好选择，其中透露的一些生活背景和美国文化还是蛮实用的。

讲座门票

缩写和简称

在美国，缩写非常常见。我就因为缩写迷茫过一阵……

学校开学前已经为我们选好了第一学期的课，可以在开学前查看课程表。有一堂课写着BUS，我看到就懵了，很认真地以为自己要学习学校的公交线路。还暗自揣测，这学校得多大啊，公交线路也能开一堂课专门教……后来才发现是Business的缩写……是一堂商科学生的基础课程。

不同的课程都会有各自的缩写，每个大学可能略有不同。比如，Finance相关课程的缩写就是FIN加上不同的课程编号（比如我们还会亲切地称entrepreneurship Finance为eFinance），例如FIN331，FIN4365等；GTX代表GreatText……通常，数字部分由1开头的编号代表初级课，2～3是一些比较基础的必修课，4开头的课就是专业课和进阶课，5开头的就是研究生的课程了；数字的第二位一般代表这门课程的学分……在刚入大学的基础课上会有相关介绍，或者你也可以直接向自己的选课导师咨询。

在日常聊天或发短信时可以活用这些缩写，让自己看起来很厉害的样子，但也不要通篇都是，可能会显得自己有些幼稚。在正式的邮件中就更加不要使用了，比如和教授的交流邮件。

创业的本质

身边很多的朋友都会问我关于创业的事情，我也发现，其实每个人在生活中，总会勇敢那么一次。比如，放弃一切所得，拥抱梦想去创业。所以创业的本质，不是物质的刺激，而是为了实现梦想与证明自己的价值。

也有很多朋友问我：创业最难的是什么？有趣的是，过去的3次创业经历，让我在不同的时间做出了不同的回答。

第一次创业时，我说做出好的产品最难。因为做出好的产品需要充分了解用户需求，了解细分市场的痛点以及产品能给用户带来的满足感与价值感。首次创业时，大多人都是异想天开的，觉得自己认为的好产品一定有市场需求。而大多数人都看错了，产品要满足市场需求，解决用户痛点，要客观而非想当然。

第二次创业时，我说投入市场最难。如果说做产品是从0到1，那做市场就是从1到100。

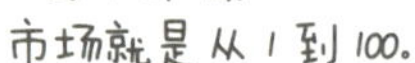

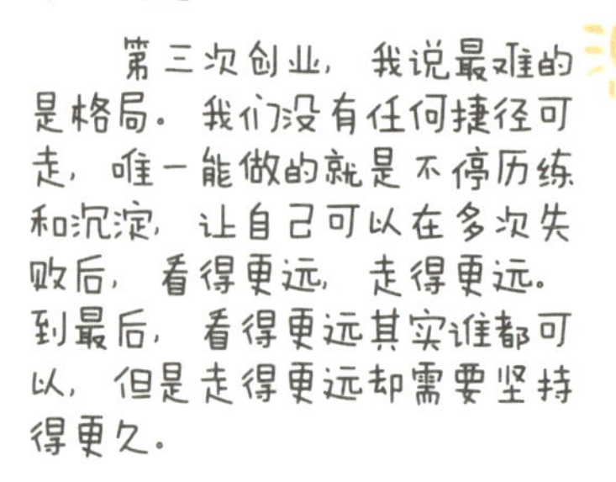

第三次创业，我说最难的是格局。我们没有任何捷径可走，唯一能做的就是不停历练和沉淀，让自己可以在多次失败后，看得更远，走得更远。到最后，看得更远其实谁都可以，但是走得更远却需要坚持得更久。

要么死得安然，要么活得灿烂，所有想成为“成功的人”的小伙伴们，希望你们能够克服一切困难，追逐梦想，坚持前行！

第四章
美国文化

交流：如何融入美国人的圈子

如何融入美国人的圈子是个好问题。个人经验：主动！真诚！不要害怕自己英语说错或者发音不标准，其实融入圈子最重要的不是语言，而是你和你想融入的圈子到底有什么共同之处，你融入圈子的目的是什么，你是否喜欢这样的圈子。

2015年感恩节与美国家庭一起庆祝

2017年10月，父母从国内前来看望，并拜访了我的美国家庭

加入自己感兴趣的社团也是很好的融入方式。一些学校会提供当地的美国家庭来帮助留学生更好地体验美国文化。有兴趣的同学也可以自己在学校官网上看看有没有类似的项目，甚至在来到美国前就可以和美国家庭保持联系。

NASA航空中心

参加学校的国际生活动

街头表演

在类似纽约、波士顿、芝加哥这样的大城市的市中心区域，常常会见到街头表演，包括各种乐器演奏、独唱、街舞等。如果表演得精彩，不一会儿就会聚集很多人，美国人很喜欢为这些表演喝彩、鼓掌。当然有一些也会用琴箱、纸盒等收集观众主动给予的零钱。

但事实上，这种街头表演并不是随处可见，没有我们想象的那么容易碰见。一般只在市中心、旅游胜地等人群聚集的地方。

涂鸦等艺术类文化体验

涂鸦艺术和街舞、Rap以及嘻哈文化相同，都是一种用于宣泄情绪的艺术表现形式。

涂鸦场地一般在废弃的墙壁、地面、建筑物甚至大客车货箱上。往往在看似没人出没但又靠近市中心的地点，涂鸦作品尤其多。涂鸦艺术的图案和用色大胆鲜艳，十分吸引人眼球。涂鸦作品体现了作者的情绪和思想，是他们的经历、感情或者梦想，有些则比较隐晦，表现出了对当代社会的评价和看法。

涂鸦墙

秋天公寓楼的窗子涂鸦

美国治安

美国的治安情况视地区而定。只要不去比较危险的无人区等偏僻的地方就没什么问题。有很多人会担心美国的枪支问题，担心会不会遇到恐怖袭击或枪击。确实，在美国枪支比较常见，但也并不代表到处都会看到持枪的人。校园内或大商场内都有禁止持枪的规定。有一次在校园附近发生了枪击案，全校师生立马收到邮件通知，让大家停止一切活动，进入最近的建筑物内，熄灯，锁门，寻找遮挡物，等待下一步的通知。警察也马上出动查看情况，追踪嫌犯。大概半个小时，学校发邮件通知警报解除。事后调查，该枪击案是报复性的袭击行动，嫌犯并没有试图进入校园进行恐怖袭击。由此可见美国校园对枪击和恐怖袭击的敏感程度和极强的安全意识。只要不主动挑衅，并不会轻易受到袭击。枪击案在日常生活中也并不如新闻中那么常见，而且警察和警报系统还是十分给力的，不必过于担心。

寝室的消防演习

消防车

大部分campus和停车场都会有这个emergency stand，按下这个按钮，附近巡逻的警察就会到哦~

在大型节假日时，尽量注意不要去人群聚集的大型活动场所，如果去了，要机警一些，注意周围环境，如果发生意外要保持冷静，跟随人群撤离，尽快找到建筑物或遮蔽物。

农场音乐会

美国很多大学校园都是在"村儿里"，当地人有些会有私人农场或养殖场。但我想分享的这个农场音乐会是在一个社区农场，它坐落在得克萨斯州，达拉斯与休斯敦中间的一个叫Waco（韦科）的小镇。农场里面的人自己耕种，制作陶瓷、纺织品以及一些工艺品。他们的孩子也都是上homeschool（在家教育），并且他们的孩子长大后也会继续和传承父母的手艺。农场平时都是在复活节、感恩节、圣诞节等美国重要节日举行音乐会，所有乐器都是当地人自己手工制作的，唱的也都是赞美诗歌，几十人一同齐唱，排练数日，并免费演出，邀请的人群面向整个社区。我去过几次，那样的"震撼"至今难忘！

美国这些装疯卖傻的演奏家

在2013年8月17号，我赶了一波留学热，来到了波士顿这个充满文艺气息的城市。这里给人的印象除了90年代满街成片不到三层的精致小楼房外，还有各样外表酷炫的现代型建筑。街上不止有穿着睡衣就上街一点都不Care的和一眼看上去就知道着装是精心搭配过的行人，还有一些稀奇古怪看着就想问"why"的奇异万圣节类型穿搭。而就在这样的一个混搭风的波士顿，我以为自己去了一个正常的古典类型音乐表演学院，但，并不是。

在学校看到的第一场有印象的音乐会就是管乐队的音乐会。在开场前满心以为这场音乐会的曲子风格应该就像我熟悉的木管声部温柔带领风或者铜管洪亮solo风，可就在这时，同学提醒我："你带耳塞了吗？"余音未落，嘣的一声，一场激情四射、舞台都在颤动的音乐会开始了。我看到指挥的头在震动，手在空中不停换拍子的时候我就知道：我来"错"学校了。在见识了学校里吹着长号跳芭蕾的艺术家，还有两个拥抱着吹长笛的演奏家之后我又被强刷了一波音乐欣赏观。后来，在（世界知名爵士流行音乐人才培养的殿堂伯克利跨校选修的）音乐欣赏课里，老师让我们"感受行为艺术"，于是我和同学两人大冬天在校门口拖着两米多长的铁链子边转圈走边唱歌。

在"帮朋友演的毕业音乐会"上，一系列的打咖啡杯、打鼓皮（真的把鼓皮从完整的鼓上拆下来，然后只敲鼓皮）、拍手、数数、打罐头、吹玻璃瓶、撕纸、播广播、弹钢琴、跳舞，还有"一个人顶五个用"边唱歌边指挥边打马林巴边拨卡林巴，这些一度让我怀疑我选的是打击乐音乐表演专业。但不得不说的是，波士顿交响乐乐团是世界一流的。因为学校在波士顿交响乐音乐厅可以免费拿票，所以我和小伙伴们有幸去听了一些音乐会。当在现场听到这个可以追溯到1881年的乐团演奏贝多芬第七交响曲和马勒第三交响曲的时候，除了对演奏员精湛技艺背后辛劳汗水的崇敬，对指挥家Andris Nelsons发自内心、不做作的音乐表达的崇拜，还有来自内心的挥之不去的感动。音乐响起，当看到Midori站在演奏厅中央闭着眼睛聆听音乐等待自己演奏的部分来临的时刻，虽然未用小提琴发出一个音，但观众已经看到了她心里音乐的流动。她的小提琴演奏就和传说中的一样激动人心。她手

握着琴弓，在弦上灵活快速的旋律，加上准确的拍点，还有飞舞在指尖上的韵律，无不让观众沉浸在她用音乐勾勒的世界里。美国给了我不一样的音乐体验。从古典、爵士，到现代，都刷新了我对音乐的认识。这些“装疯卖傻”的演奏家们给我上了一课，比如，后来听说那个吹长号跳芭蕾的艺术家是一个著名古典管乐队的演奏员；明明是波士顿交响乐团的古典打击乐演奏员，却还会敲摇滚架子鼓。我想这片新奇的土地带给我的是一个更全面的音乐体验，它通过对不同类型音乐的接触与研究来帮助我变成一个更有生活情趣也更全面的演奏员。哦，对了，重点是一个与众不同的演奏员。

草地音乐会

我曾在波士顿参加过一次草地音乐会。场地其实只是一块很大的草坪。当时正值盛夏傍晚，很多人带了餐布和食物在草地上野餐。孩子在草地上跑来跑去，还有很大的狗静静地躺在一边。我和朋友也找地方坐下。很快乐队就开始演奏了，是很舒服的爵士乐。一边和朋友交谈一边听音乐，加上绿油油的草地，蓝蓝的天，气氛轻松，十分舒适。

校内音乐活动

我们学校每个月都会有不同的音乐活动。有时是整个学校交响乐团表演，有时是音乐专业学生不同乐器的独奏，还有各类合唱团的演出以及校外团体的表演。

大部分音乐会都是对学生免费开放的，一些特别的节日活动对全城市开放，可能需要提前选位和付费，但也不过是10~15美元，并不贵，而且都很精彩，值得一去！学校官网每月都会更新音乐会时间表，一般是在晚上六点半开始，到九点左右结束。

另外两个特别的活动是由学校兄弟会和姐妹会举办的音乐剧表演（Sing和Pigskin），在校内外都非常有名，常常一票难求。每个组织每年都会排练不一样的音乐剧，从服装到道具以及歌舞编排，通通都是由学生自己完成的，非常惊艳！

体育
健身器材的英语名字
Abdominal Bench
Leg Press Machine
Foam Roller
Leg Adduction/Abduction Machine
kettlebells
Stability Ball
Dumb Bells
Treadmill
Stationary Bicycle

冲鸭!!!!!!!!!!!!!!!

马拉松

从校内业余的各项运动比赛，到以学校名义或者其他组织名义举办的跑步比赛，只有你想不到的，没有美国人玩不了和不愿意玩的运动。

跑步是很多美国人首选的健身方式，一般大家都会选择跑步作为健身入门或热身运动。在校园的健身房里，你会看到两三排跑步机上站满了各个年龄段的人；校外跑步的人也不少，我们学校早上六点到七点、下午四五点以后都能看到绕着校园跑步的同学的身影。学校甚至还专门规划了路线，安了指示牌，让学生可以知道自己已经跑了多远，离目标还有多远。

↑公园里随处可见的跑步的人↑

我们听到“马拉松”三个字，往往会联想到专业运动员或跑步狂热爱好者。确实，跑马拉松和平时健身的跑步有很大区别；但在这片运动至上的土地，马拉松更多体现的是一种运动精神。

马拉松分为全马（Full Marathon）、半马（Half Marathon）和四分之一马（Quater Marathon）。以全马26英里（约42 km）为标准，半马和四分之一马分别是13英里（约21 km）和6.5英里（约10.5 km）。

我们学校每年会有半马和5 km跑的比赛，分别是绕着整个城市和学校跑。我虽然没有挑战过半马，但也参加过好几个组织举办的5 km跑步活动。运动真的让人感受到力量和兴奋。我也因此与不少朋友结缘，遇到好的比赛和活动，大家会彼此分享信息。很推荐大家在有机会时尝试一次。

美国健身文化

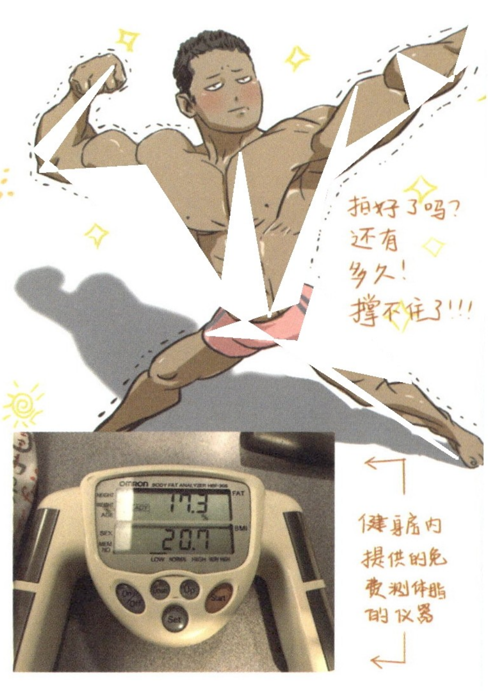

健身房内提供的免费测体脂的仪器

美国学校都会有大型的健身中心。公寓楼、宿舍楼内一般也配有健身房。健身是美国人生活中不可或缺的一部分。

在学校的健身房里会见到身材不一的学生，而他们的健身目标也不一。有的学生是自学成才，练得有模有样；有的则不知道正确的健身方法，自己在那儿摸索。正因如此，学校提供了私人教练服务。这些教练基本都是学生，有人会奇怪，为什么学生就能当私人教练呢？这些学生都是拥有从业证书、受过专门培训的教练。虽说经验不一，但施教都是很规范的。除去学生群体，教职工也是寻求私人教练服务的人群。他们多数都是上了年纪，需要增强体质、改善生活习惯的叔叔阿姨。在我们学校里，还有算学分的健身课供学生们选择。教授课程的都是运动生理学的硕士或者博士生，他们都有执业证书以及教授经验。学校开设这门课的原因，是想让学生养成健身习惯，学会健身技巧并受益终身。所以不得不说，美国大学还是非常注重学生这方面的素质培养的。

校园橄榄球体育场

学校健身房的攀岩墙

学校健身中心提供的课程

GROUP X SUMMER 2017 SCHEDULE

	MONDAY	TUESDAY	WEDNESDAY	THURSDAY	FRIDAY
6:15AM	F45 - Easy	F45 - Easy	F45 - Easy	F45 - Easy	BEAR CYCLE - Ellssa
12:15PM	F45 - Antoinette	F45 - Van	F45 - Easy	F45 - Van	F45 - Antoinette
4:15PM	BEAR CYCLE - Meg			BEAR CYCLE - Meg	June 5th - August 4th
5:30PM	MONDAY MADNESS - Van	YOGA—Leah	STEP IT UP! - Susa	YOGA—Leah	
	AQUACISE - Sue @ SLC Pool	BOXING CONDITIONING - Aaron	AQUACISE - Sue @ SLC Pool	BOXING CONDITIONING - Aaron	
		F45 - Sydney	F45 - Tyler	F45 - Sydney	
6:45PM	BOXING CONDITIONING - Aaron	F45 - Tyler	F45 - Tyler	F45 - Antoinette	

MONDAY MADNESS SCHEDULE:

June 5th - Hike Cameron Park (meet @ Jacob's Ladder)
June 12th - Sand Volleyball @ the SLC
June 19th - Rock Climbing @ the SLC
June 26th - Water Sports @ Baylor Marina
July 10th - Wallyball @ SLC Racquetball Court #4
July 17th - Spikeball @ SLC Basketball Court #4
July 24th - Racquetball @ SLC Courts #1 and #2
July 31st - Basketball @ SLC Court #1

Be Summer Smart:
Keep Hydrated
Wear Sunblock

Locations:

F45	3rd floor of the SLC at the end of the track
BEAR CYCLE	Bear cave in Russell Gym
BOXING, TRX, MMA	Russell Gym balcony
ALL OTHER CLASSES	Bearobics studio on the 3rd floor of the SLC

TO REGISTER & PAY
Visit our "Fitness & Nutrition" page at www.baylor.edu/wellness
Complete the form under "Registration Links"
Cost: $30
Contact Leah_Gagnon@baylor.edu with questions
Your Baylor ID is REQUIRED to attend all classes!

Wellness

倘若没有教练或者专业陪练，建议找一个差不多水平的小"肌"友一起，这样可以互相督促，共同进步，亲测有效!

一般学校健身房会为学生开设健身项目，一个学期交纳一小部分费用，然后可以在课程表的任何时间去健身，项目包括瑜伽、拳击、有氧运动等。

我叫肖雪华，在读大四，健身五年了。

我记得真正感受到体形的变化是在我大概坚持健身5个月左右，最初5个月，我看不到身体的变化；每天做着一样重复的动作；看着健身房里其他“大神”那么强壮，想我要多久才能变成那样，同时伴有不如人的自卑……其实当时就是在傻坚持。但整个健身最重要的一点我认为就是“傻坚持”。我身边有太多的朋友、同学加入健身的队伍，他们会带着满腔热情，每天研究如何科学饮食和注意动作训练，但一路走来真正还在坚持的人寥寥无几。抛开那些理论不说，坚持才是最重要的。

我在纽约读大学，在31st&park ave有个健身房叫Tone House，被《纽约时报》报道为“全纽约最累的健身房”。课程方式是一小时20人内的小课，内容与体能训练类似，区别在于课程会在15分钟内消耗全部的体能，剩下45分钟就是突破，突破自己身体和心理的极限，锻炼身体与内心同时变得强大。让自己在明知道这是几乎不可能完成的事情时继续坚持下去。平日看似完不成或是曾经会拖延的事情渐渐变得越来越容易，我也会越来越喜欢接受具有挑战的事情并且完成它。

所有的借口都不是借口：天气不好不出门、没人陪着一起、路程太远等，类似的问题每个人都会遇到，重要的是谁能克服并且坚持下去。健身不光是为了追求健康和形体变化，慢慢地你会发现健身也使你拥有一颗强大的内心。

篮球

在美国，除了职业篮球，大学篮球也有极高的关注度。全国大学生体育协会（National Collegiate Athletic Association，简称NCAA）根据学校规模、运动奖学金、历史成绩等因素将美国大学分为三个不同级别（Division I，II，and III）；同级别的学校又根据地理位置分配到不同的区（conference）。篮球赛季一般开始于十月末，直到第二年三月初，一共二十多场比赛。赛季末，每个分区会产生一个分区冠军；之后NCAA会根据球队战绩对每支球队进行排名，从Division I里选出前68个学校决出一个全国总冠军，也就是我们熟知的疯狂三月（March Madness）。疯狂三月采用单淘汰赛制（win or go home），充满偶然性，这也正是疯狂三月的魅力所在。

除了支持自己学校的篮球比赛，普通学生也有机会参加属于自己的比赛。每年春季学期学校会组织校内比赛（intramural），学生自由组队报名参加两个级别的比赛：专业组（competitive）和娱乐组（recreational）。比赛分为小组赛和季后赛：小组赛采用循环赛制，而季后赛采用单淘汰赛制。因此，确保了每支球队都有三到四场比赛，也达到了锻炼身体的目的。

橄榄球

橄榄球是美国最受欢迎的体育项目之一。橄榄球的联赛包括高中联赛、大学联赛还有NFL职业联赛。其中，高中联赛时间大部分在周五晚上，大学联赛在周六，职业联赛在周日，所以美国人的周末离不开橄榄球赛。橄榄球受欢迎的原因有很多，最重要的是其激烈对抗的观赏性。周五比赛时如果是主场比赛，学校的同学和家长基本上都会到齐，很多城市的居民也会来看。

节日庆典和假期

马丁·路德·金日

自1986年以来，每年1月的第3个星期一被定为马丁·路德·金日（Martin Luther King）。这是唯一一个纪念美国黑人的联邦假日，也是在这一天，美国各地的学校、联邦政府办事机构和银行都要放假，因为美国人民要在那一天纪念马丁·路德·金的诞辰，缅怀他的一生。如果你听说过他，应该是从他著名的演讲“I have a dream”听说的了。

超级碗

超级碗（Super Bowl）是美国橄榄球联盟（NFL）的年度冠军赛，关注群体不分老少，不分国界，将竞争与娱乐感完美结合。每到临近超级碗赛事时，很多商家都会开始销售印有超级碗的商品，因为超级碗在美国风靡，它的直播是美国收视率最高的节目，而且很多参赛队的球迷也会花大价钱买票到现场看球赛。

春假和秋假

每个学校春假和秋假的休假日期不同，长短也各异。春假一般在每年3月，大约一个礼拜的时间，相比只有几天的秋假要长一些。

在春假，许多同学会收拾行李去海边度假，驱驱三月份的寒气。

也有小伙伴春假去伦敦的~

首府D.C.

波多黎各↓

秋假结束后就会有一大波期中考试来袭。秋假的意义在于给学生一个放松和重新整顿的机会，如何利用秋假要看个人安排。我推荐大家不要在意期中考试，有时间四处走走看看也比低头学习来得好，而且相信过来人的经验，秋假里学习的效率真的惨不忍睹。

西班牙有机会还是很推荐去的~

出游照片！！

海边浮潜最"稀饭"啦~即使不会游泳也可以玩

↑得州Maple公园的湖边↑

可投喂式动物园

情人节

每年公历2月14日是Valentine's Day。提起情人节，总能想到鲜花与巧克力。在美国情人节这天，庆祝可不仅限于年轻人，老老少少都会参与到节日之中，向所爱之人表达爱意。

学校特色节日

大多美国学校会根据自己的历史和特点，设会有几个特色节日。我们学校在得州，离墨西哥很近，所以有一个叫Diadeloso的节日，意义就是大家欢庆。有一天假期用来参与户外运动，和朋友们相处。Diadeloso一般在春季学期的四月份中旬，学校会邀请乐队来表演，在大草坡上设置各种游戏区域供大家玩耍，还有快餐车和动物演出，一天的活动非常丰富多彩。

复活节

大部分人眼中的复活节就是关于彩蛋或者兔子的一场活动。在西方国家，复活节是为了纪念耶稣基督复活的日子，也是基督教最重大的节日。每年过春分月后的第一个星期天为复活节。

Homecoming
（校庆）

顾名思义，就是“回家”的节日！对一个学校来说非常重要。这一天，会有大量的校友和他们的家人重返校园参加活动。我们学校的校庆一般以大型的游行活动开始，以各个小组分享结束。在校生和毕业生都会来参加，整个城市都会为此欢庆。游行以学校各团队、组织为单位，设计活动和花车，展现各自的特色。在活动中还有市长会露面。每次校庆还会选举 Homecoming Queen，就是从每个学生组织里推选一名女生，通过对她们的学习活动进行评估、投票，选举一名来代表学校的精神面貌。

吉祥物

校庆游行

花车

校庆的篝火

Homecoming Queen 竞选，这两张图如果看得够仔细，可以找到其中一位作者哦～

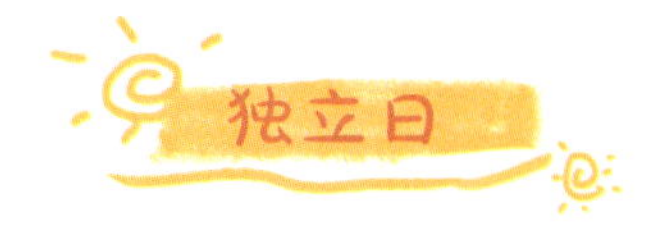

独立日

独立日也就是美国的国庆节，在每年的7月4日。这一天通常会放假，并有烟火表演。大家可以在各自所在城市搜索，找到最佳的观看烟花的地点，享受美好的独立日夜晚。正如水果姐katy Perry在歌中所唱的："Just own the night, like the fourth of July!"

INDEPENDENCE DAY 4th JULY

万圣节

万圣节是美国比较隆重的传统节日之一。这一天，人们会装扮成各种角色，校园里也常能见到妆容夸张、服饰特殊的学生和教授。除了打扮，人们还会在万圣节前夜刻好南瓜，掏空南瓜瓤，放蜡烛或灯泡进去，做成南瓜灯放在门口。万圣节前夕各大超市货架都会摆满南瓜以供人们挑选。到了万圣夜，小孩子会挨家挨户讨糖吃，敲门后会问"treat or trick？"，意为不给糖就捣蛋。大学校园内也会有相关的活动，像我们学校就会有兄弟会搭建鬼屋，去过两次，都吓出一身冷汗！

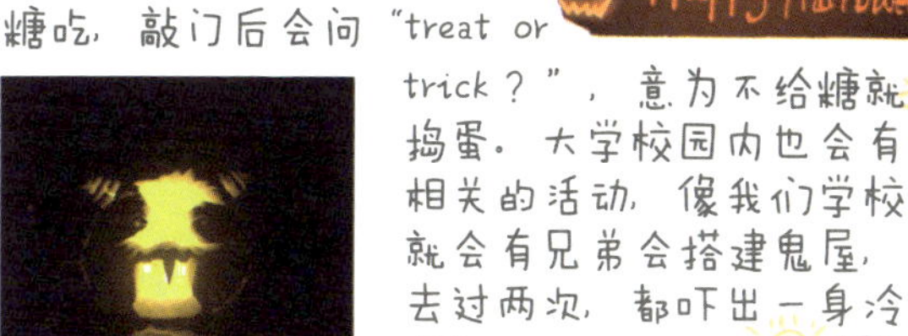

自制南瓜灯

万圣节南瓜灯~

Treat or trick？

每年11月的第4个星期四是美国的传统节日感恩节，平时忙碌的人都会回到家中，享受与家人在一起的时光。一些大学也会在校园内准备各种免费的感恩节晚餐，对全校学生和教职员工开放，让大家一同庆祝。美国当地家庭感恩晚宴的美食一般有火鸡、布丁、南瓜派等。感恩节是我特别喜欢的一个节日，因为总是有许多让自己感动的事情想要去感恩。在收获感动的同时，也把出于内心的感恩与感谢传递给身边的人。

感恩节聚餐~

我们当时在唱《奇异恩典》

感恩节必不可少的火鸡~

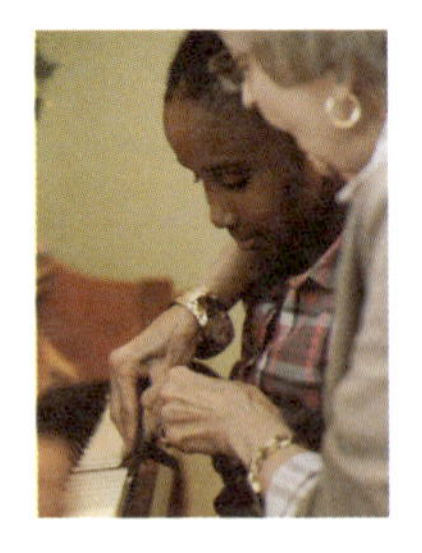

晒晒我美国家庭高颜值的火鸡和叉子

平安夜

"Silent Night, Holy Night! All is calm, all is bright（平安夜，圣善夜！万暗中，光华射）。"每当这首熟悉的音乐在美国的大街小巷响起的时候，平安夜便在万众瞩目中悄无声息地缓缓降临。平安夜起源于基督教文化，为了纪念耶稣的降生。平安夜前后，美国许多教堂都会举办烛光聚会，人们会不约而同地来到教堂，参加礼拜，学习圣经，享受节日所带来的安静。

Silent night, holy night ~
All is calm, all is bright ~

平安夜的晚上大家会一起拆圣诞袜子（并不会吃苹果）。不分年龄，每个人都会得到一只写着自己名字的圣诞袜子，里面装的一般是糖果、礼品卡和圣诞树挂饰这样的小礼物，真正的圣诞树下的礼物要等到圣诞节才能打开。平安夜的晚宴也非常丰盛，有美国人过节必不可少的传统火鸡，搭配上香浓可口的肉汁（gravy），精致的甜品以及家传的美味秘方。晚宴过后，一家人会一起看一部圣诞主题的电影，分享一年来生命中的感动。

圣诞节

美国的圣诞节相当于中国的春节，是全美最重大的一个节日，人们都会回家与家人团聚。圣诞节前后人们还会制作以家庭为单位的圣诞卡片以及节日饼干送给亲友。家家户户张灯结彩，准备圣诞树，树上挂着各种各样具有不同意义的圣诞装饰（Christmas ornaments），有些家庭每年都在前一年已有的装饰基础上，添加新的装饰，寓意着传承与成长。

家里的圣诞树～

～超市的圣诞树～

圣诞树下通常会放满给家庭成员的礼物，人们会选择在圣诞节这天任何一个时间来拆礼物。关于圣诞礼物，美国不仅仅有传统的圣诞袜和圣诞老人，还有很多新颖的交换礼物的方式。最流行的两种是 Secret Santa（秘密圣诞老人）和 White Elephant Gift Exchange（白象礼物交换）。参加 Secret Santa 的人们会把自己的名字写在卡片上，卡片会放在抽签筒中，每个人会抽取一个卡片，然后抽取的这个人就会成为卡片上这个人的秘密圣诞老人，负责给他或她准备圣诞礼物。礼物附上名片一起放在圣诞树下面，在游戏的结尾，大家会公布送了什么礼物以及为什么。White Elephant Gift Exchange 和 Secret Santa 很像，人们分别将自己包装好的礼物交给一个人来管理并通过抽签决定挑选礼物的顺序，每个人可以选择打开礼物或者等礼物打开之后抢别人的礼物。当每个人手中都有礼物时，游戏结束。在游戏最后，会公布每个礼物是谁送的。

曾有机会和美国家庭过了一次传统的圣诞节。圣诞前夕，大家会拿出圣诞节的装饰品，布置好房间。圣诞树是必不可少的，树上挂满各式小挂件，还会有家人的照片或是小贺卡。圣诞袜子挂在烟囱下的火炉边上，包装好的礼物也早早放在树下。整个房子都充满了节日气氛。

我在的美国家庭通常会在圣诞节一大早拆礼物，午饭时去爷爷奶奶家跟亲人们拆礼物，晚饭时去外公外婆家和亲人们拆礼物。拆礼物前，全家人都会围坐在圣诞树边，大家会先把每个人的礼物分好放在面前，一般每个人都会有四五个、甚至六七个礼物。接着，大家按年龄从小到大的顺序轮流拆礼物。大家会在圣诞节前询问对方想要的礼物清单，确定自己送出的礼物是对方真正想要的。除了拆礼物，圣诞节就如同中国的春节一样，最重要的就是和亲人团聚。大家坐在一起聊聊天，打打桌游，气氛轻松温暖。如果你有机会在美国度过圣诞节，不妨也找到这样一个美国家庭，融入他们的家庭氛围中，与他们一起分享今年的感动，一起交换礼物，一起过节。

Winter Break 寒假

比起长达三个月的暑假，美国大学的寒假并不算长，大概有三四周，时间跨越圣诞节前后不等，通常在元旦后的1~2周开始新学期。选择寒假回国，时间有些仓促，可以选择留在学校短暂休息，四处走走看看，也可和美国小伙伴回家过圣诞，感受传统的圣诞节。

第五章

采访

问题1：留美生活费开销很大人尽皆知，平时的主要开支是什么？

巴巴：主要开支是学费，吃饭，房租，水电费。

瑞琪：主要开支是学费还有住宿什么的，学校保险也贵得爆炸。除此之外主要花在食物上了。会稍微打点工什么的，每个月自己的净支出其实不是很多，比如买书、机票、化妆品、衣服什么的随机消费。

雅诗：平时开销不多，因为和住家一起住，住家提供吃的和交通。主要开销除了学校要交的费用，一般都是花在给住家买礼物上。

赵澜标：开销主要就是衣食住行这四大项。

妙吉祥：我见过$5000花一学期的，也见过一个月花$7000的。衣，我觉得这方面花销还是有一定分量的，毕竟来到美国很多牌子很方便买到，大家有可能会忍不住剁手。食，取决于买食材自己做还是出去吃。住，看你所在地区，毕竟纽约曼哈顿的一间公寓和我们村的一间公寓完全是两个概念。行，如果你喜欢旅行，那么开销将会很大，这也是我平时最大的开销。

硕：上了大学开始住公寓可以说是每件事都要自己打理，买菜，吃饭，买车，加油，租房子。

瞳：叫外卖和外出吃饭花了很多钱。再一个就是打车了，美国地广人稀，如果自己不会开车，打车也是很大的一笔开销。

问题2：初来乍到，觉得学校和所在城市与你预期有什么不同？

瞳：真的是地广人稀，大街上都没有行人的。以前在中国多数出行都是靠公共交通或者步行，美国的话似乎只有开车一种选择。我觉得纽约是最贴近中国的生活状态的城市。然后就是冷啊！！回国以后特别抗冻，再也没穿过秋裤。

雅诗：我的住家特别好，但是你要提前几天告诉他们你的计划，这样他们才能安排妥当，有车有空带你出去。生活比较不方便。

赵澜标：华盛顿在表面上看固然世俗、浮躁，但深入去看，你会发现它充满了思想的碰撞和无数的机会。来到华盛顿，是我做过最好的选择。

妙吉祥：普渡大学既无大城市的喧嚣，又能满足你一切生活所需。麻雀虽小，五脏俱全。

问题3：在学校是否参加了学生组织？对自己的大学生活有何影响？

瞳：中国学生会（CSSA）有一个小弊端是可能会将你的交际圈依旧局限于国人之间，如果想要交一些外国朋友，一些本土或者国际化的社团会是更好的选择。

巴巴：未参加任何学生组织。我不喜欢人多且杂的地方，所以避免去这些场合。

雅诗：我在高中成立了Coding Club，这个俱乐部促进了我和美国学生的交流，也让我看到美国学生不一样的一面。

妙吉祥：参加了很多Clubs和一些商科类的组织。通过这些组织认识到了很多好朋友，对自己各方面能力特别是语言能力有了很好的锻炼。

安家欣：参加了CSSA，大学生活变得更丰富了。社团是一个小小的职场的模型，各部门分工合作，同伴之间沟通交流，去共同完成一个目标。做得好的时候很有成就感，做得不好也会反省改进。对自己的能力还是很有提升的。

硕：参加了体育队、CSSA、兄弟会。个人觉得尽量多参加，丰富人生，增加阅历，以后简历也会比较好看。

不具名的留学生：我是NUCSSA公关部的副部长，主要负责为CSSA的运营筹备资金，同时协助职业发展部策划职业发展类的活动。通过CSSA我接触到了波士顿地区的华人组织以及其他学校的CSSA。同时我也是波士顿几个初创公司的marketing team的成员，负责协助公司进行市场策划以及商业扩展。

问题4：刚到美国的时候如何适应？现在的适应情况如何？

瑞琪：需要去适应的我觉得主要是从高中到大学的转变，在国内和在国外应该差不了太多。之前在美高的时候并没有很不适应，每天都安排得比较好，目的也很明确。进了大学忽然觉得没了方向，会有一点点失落，不过很快就调整过来了，重要的是给生活找点目标。

雅诗：刚到美国谈不上适不适应，因为还小，第一次出国遇到很多新鲜的事情会好奇和兴奋，那种兴奋和对新事物的开放心态会让我慢慢接受美国的文化。加之对吃的不太挑剔，没时间排队拿热的午餐时，随便拿块意大利腊肠比萨加点菠菜、生菜沙拉也能吃饱，所以现在很适应美国生活。

安家欣：刚到美国肯定不适应！对学校、日常生活和文化方面都很迷茫。当时是认识了一群特别乐于助人的中国同学（很幸运），帮我选课、找教室，细心地告诉我各种事情的规则，让我避免了很多麻烦。在他们的帮助下就慢慢适应了。现在感觉虽然不能完全融入美国文化，但是可以在这样的环境中自得地生活了。

妙吉祥：初来乍到，很多事情都无法适应，这很正常，因为凡事都需要一个熟悉的过程。但我觉得一个人的适应能力是和“厚脸皮”成正比的。当然此“厚脸皮”非彼“厚脸皮”。我所说的是希望大家能够去多说多问，尽最大的可能第一时间去尝试周边的一切新鲜事物，不要拘泥于面子或者害羞。我现在已经很适应美国生活了，无论男女老少，都能随便聊上两句，只要提前做好攻略，便可来一场说走就走的旅行，哈哈。

不具名的留学生：我刚到美国的时候，因为是参加大学的项目，所以是和国内的同学一起来的，并没有出现严重的不适现象。但在学校寝室居住的一年里，出现了一些失眠的现象（因为噪音问题），在搬出寝室之后有了明显的好转。现在基本适应了美国的生活，对波士顿地区的华人组织以及活动有了蛮深入的了解。

问题5：这些年你在美国的最大的收获和改变是什么？

闫翔：最大的收获就是英语上的提升吧，我在国内的时候英语不太好。改变的话我觉得是自己成熟了很多。

雅诗：最大的收获是文化背景变得多元。在保持中国传统文化的前提下，受到西方思维方式的影响，我会更加勇敢地去表达自己的想法。不管我的口音有多重，我都会自信地说，不管我的想法是否完全正确，别人都应该尊重我的想法。我也变得更加独立了，随便把我丢到一个城市，我会去导航，向别人请教，通过不同的方式去主动收集资料来了解这个地方。

瞳：我觉得最大的收获就是……英语变好了吧，哈哈。而且自己变独立了，很多事情可以自己驾驭，不再是处处都依赖父母的小公主了。经过了锻炼，个性也有了改变，懂得考虑事情的利弊和后果，也会更加珍惜朋友之间的友谊了！

问题6：在学校是否参加了学生组织？对自己的大学生活有何影响？

瑞琪：在学校参加了好几个俱乐部，找到了一群志趣相同的人，挺有成就感的。

瞳：大一上学期曾经递了申请，辛辛苦苦过了两轮面试之后还是没有通过，心态崩了，从此没有再尝试。CSSA这类组织我认为因人而异吧，如果是在国内就有学生会经验的同学可以尝试，能够充实你的课余生活，但是还是要平衡好社团和学业之间的关系。有一个小弊端是中国学生会可能会将你的交际圈局限于中国人之间，如果想要交一些外国朋友，一些本土或者国际化的社团会是更好的选择。

巴巴：不参加任何学生组织，他们举办什么活动也基本上不参加。不过或许对不少同学还是比较有帮助的吧，我是不喜欢人多且杂的地方，所以避免去这些场合。

雅诗：我在高中成立了Coding Club，我觉得这个俱乐部加深了我和美国学生的联系，也让我看到美国学生不一样的一面。

在此，感谢所有给予帮助、为这本书奉献宝贵时间和分享个人经历的朋友们，感谢你们在接受采访时的热情与完成后的喜悦！

更要感谢的是：邓燕斌，赵澜标，汪炎，蒋雅诗，谭威，赖虹吟，饶航宇，肖雪华，刘玮，李仕家，杨东汉，傅豪，王菲，张怡然，刘林昊，魏兆晗，梁步青，黄小华，冯燕婷，栾欣宜，郭逸晨，薛军剑，张雯，尹鑫，陈嘉妮，陈莫新，高宇同，周子天，高晨曦，施旸，许瑞琪，陈曈，安家欣，韩笑，何颖，王宜硕，薛昊，谢雁兵，闫翔，李静洁。

赵彬艺，高胜寒，汤晋妮

于美国得克萨斯州

Hi，读到这里时，愿准备留学的你正如我们希望的一样，有所收获。

在近两年的创作中，我们获得了重新审视自己留学途中点滴的机会。回首飞起机落、脚踏异国机场的自己，顿感时光流逝如湍流，打磨了我棱角，留下的是，感慨万千。对于学姐们来说，这小册与其说是创作，不如说是一次旅途的分享。

互联网的时代，通过搜索引擎得到问题的答案是那么便捷，这小册会不会湮没在泛滥的信息海洋里无人知晓？搜索引擎并不能告诉我们答案……于是，我们坚定地把这带有热度的小册送到你手中，它是我们对美国留学生活经历和经验的总结，也是富有趣味的好玩画本。

由于各州气候文化不尽相同，在得州留学的我们，经历和经验必然有所局限，打开小册的你或许找不到问题的标准答案。但读完小册的你一定知道这是一次带着真诚和期许的对话，或许文字中某个细碎的闪光点能让你看到真实留学生活的“边边角角”，冲淡未知生活带给你的不安和困惑，这就是我们的初衷。每一个人的留学生涯都是独特、不可复制的，充满梦想，在压力中找快乐，烦恼和喜悦对面相逢，互相凝视，好不浪漫刺激！所遇环境各不同，却是一样一路跌跌撞撞，一边摔倒一边成长，一路泥泞一路歌唱。这便是踏进未知世界“闯荡”的魅力所在。

但愿这小册中的欢笑、窘迫、琐碎不仅能帮助你更好地为留美生活做准备，也能让你了解：没有绝对的坦途，而困难只是暂时的。也许你会遭遇孤独、不解、迷茫、阴郁，请用力哭，也放肆笑，享受多彩的青春，拥抱生活的真实。

最后，感谢阅读！祝愿你未来的留美生活欢笑多过泪水，阳光盖过阴霾，而你，也能和我们一起，在岁月的洗礼中超越和成长！